여성 리더로서의 성공에 이르는 6가지 밸런스
밸런스 리더십

KB207101

여성 리더로서의 성공에 이르는 6가지 밸런스

밸런스 리더십
THE
BALANCED
LEADERSHIP

길한샘 김선미 김용이 남계윤 박혜성 변지민 신상숙 유미선
유아미 이수정 이슬안 이정윤 이지혜 최슬기 최인선 홍선영

도서출판 더로드
The Road Books

"학창 시절 그 똑똑한 여성들은 어디로 갔을까?"

"학창 시절 그 똑똑한 여성들은 어디로 갔을까?"

운명처럼 눈에 들어온 문장이다. 책장을 넘기며 어느 페이지에서 봤는지 출처의 기억은 가물거려도 문장이 선명하게 눈에 들어온 그날의 느낌은 생생하다. 여성 리더로 성장한 몇몇을 제외한 나머지 다수는 어떤 삶을 살고 있을까?

조직 또는 사회에서 일하는 다른 편 여성들은 과연 잘 살아온 것인가 의문이 들었다. 본인 또한 지금까지 사라지지 않고 버티고 견디어 리더가 된 여정이 다음 세대에 반복되는 현실을 수긍하는가도 생각해 본다. 실력으로 인정받는 당당한 여성이 되자는 말을 하고 싶다. 어린 시절 우리의 부모님은 열심히 하면 원하는 것은 무엇이든 할 수 있다고 교육하셨다. 그때는 사회 모든 분위기가 우리 부모님 눈높이일 거라 기대했지 유리천장, 유리 벽이라는 장벽이 있다는 것은 예상하지 못했다.

아직도 우리 사회는 여성의 사회진출에 어려움이 많다. 2023년 발표된 OECD회원국 유리천장 지수를 살펴보면 한국은 12년째 OECD 29개국 중 꼴찌 수준이다. 기업에서 임원의 비중이 6%라고 하니, 여성이 성공하기에는 아직도 어려운 것이 현실이다. 여성의 성공이 어려운 이유는 많다. 정책, 환경, 인식 등 고쳐나갈 것들이 한 두 가지가 아니다. 그렇다고 이 모든 것들이 개선되기를 기다리기엔 그들의 능력이 아깝다.

  밸런스 리더십의 출발은 여기에 있다. 우리는 각 분야 여성 리더 16인의 진솔한 이야기에서 리더로서의 삶에 해답을 찾기 바라는 마음으로 집필을 시작했다. 누구보다 열정적인 삶을 살아온 16인의 저자들은 도전적인 미래의 삶을 위해 숙명여자대학교 인적자원개발대학원 리더십교육 전공을 선택했다. 리더십 교육을 전공하며 자신의 삶을 보다 주도적이고 진취적으로 이끌고 리더로서 더 크게 성장하기를 바라는 이들이다.

  사업가, 기업 임원, 공무원, 교육인 등 다양한 직종에서 여성 리더가 되기까지 먼저 입사한 선배의 입장으로 사회에 진입하는 후배에게 진솔한 이야기를 들려주고 싶다. 16인의 여성 리더는 어떻게 리더로서의 성공에 이를 수 있었을까? 이들에게는 6가지 항목의 밸런스가 있었다. 일의 의미, 태도, 성공 마인드, 자기 계발, 선택과 집중, 실행력. 이 6가지 밸런스가 남다른 탁월함으로 그들을 이끌었다.

20~30대 특히 여성들에게 리더십은 아직도 높은 장벽처럼 느껴진다. 현실 속 유리천장을 마주하며 포기하거나 더 나은 방법을 고민하는 당신에게 이 책이 작은 등불이 되기를 바란다. 지금부터 여성 리더 16인의 6각형 밸런스 리더십을 공개하겠다.

차 례

제1장 일의 의미

제2장 일의 태도

제3장 성공 마인드

제4장 자기 계발

제5장 선택과 집중

제6장 실행력

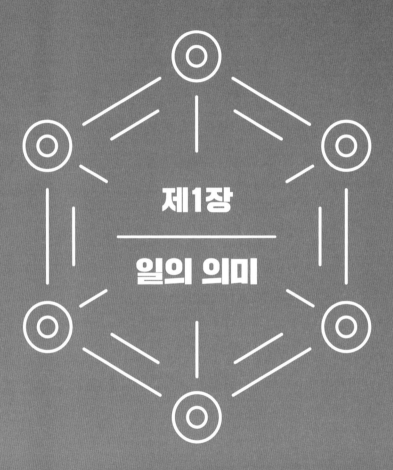

제1장

일의 의미

당신에게 일은 어떤 의미인가?

홍선영

"눈앞에 아주 엄청난 보물이 있어도, 사람들은 그것을 제대로 알아보지 못해. 왜 그러는 줄 알아? 사람들이 그 보물의 존재를 믿지 않기 때문이야."

– 연금술사 중

꿈을 실현하기 위해 시작한 여행의 목적지에 다다랐을 즈음, 아랍 병사들의 위협을 받은 연금술사가 자신들의 비밀인 불로장생 묘약에 대해 알려주었다. 그렇게 쉽게 알려주면 어떻게 하냐며 이유를 묻자 돌아온 연금술사의 대답이다. 우리는 종종 자신의 보물을 알아차리지 못하고 멀리서 찾곤 한다. 자신이 얼마나 가치 있는 사람인지, 지금 하고 있는 일이 미래에 어떤 의미가 될 소중한 일인지 알아차리지 못하고 지나쳐 버리는 까닭은 당신의 존재를 믿지 않기 때문이다.

우리 미래에 어떤 일이 기다리고 있는지 아무도 알 수 없다. 하지만 수많은 선인들이 알려준 해답이 있다. 기회는 노력하는 자에게 있다는 것. 시도하지 않으면 아무 일도 일어나지 않는다는 것이다. 이 간단한 인생의 지혜를 알고 있어도 실천하는 사람들은 극히 일부이다. 이유는, 자신에게 과연 그런 일이 일어날 수 있을까? 하는 의심으로 스스로를 믿지 않기 때문이다. 당신의 존재를 믿어라. 그러면 지금 하는 일의 가치와 의미도 알게 될 것이다. 일의 의미를 알게 된다면 당신의 인생에 더욱 적극적으로 몰입할 열의가 생긴다. 그 열의는 당신이 원하는 성공으로 이끌어 줄 것이다.

조용한 사직에서 벗어나기 위한 첫걸음

일에 대한 생각들이 과거와 달라졌구나를 느끼게 하는 신조어가 있다. '조용한 사직'이라는 용어로 직원들이 공식적으로 퇴사하지 않지만 업무에 최소한의 참여만을 하며 조직에 대한 헌신을 줄이는 현상을 의미한다. 한마디로 자신의 업무에 관심이 없고 시키는 일만 한다. 시키는 일만 하니 일은 무료하고, 열의 없는 무료한 조직 생활에서 성과를 기대하기는 어렵다. 열의는 어떤 일을 이루기 위해 정성을 다하는 마음이기 때문이다. 당신의 삶에서 열의를 회복하고 성공하는 인생으로 도약하기 위해서는 성공하는 삶을 살 것이라는 자기 신뢰를 기반으로 일의 의미를 찾아야 한다.

자기 신뢰가 없는 사람들이 조용한 사직을 선택한다. 열심히 해도 이 자리에 있고, 더 좋아질 것이 없다고 생각하니 현재에 집중하기 어렵다. 이런 하루가 모여 일 년이 되면, 승진과는 멀어지고 점점 사내 아웃사이더가 된다. 이 굴레에서 벗어나기 위한 방법은 성공할 것이라고 자신을 믿는 것이다. 내일은 더 좋은 일이 있을 거라고 스스로를 한번 믿어보는 건 어떤가?

필자도 조용한 사직 상태로 무료하게 형식적인 직장 생활을 했던 시절이 있었다. 졸업 후 취업을 준비하던 시절 대한민국은 IMF로 온 나라가 힘들었다. 자연스럽게 20대의 꿈이 산산이 부서졌고, 멋진 커리어우먼을 기대했지만 기업은 직원을 채용하지 않았다. 엎친 데 덮친 격으로 어머니의 사업도 힘들어져 집이 경매에 넘어가는 극한 상황에 몰렸다. 일찍이 가장이 되었고, 선택지는 없었다. 생계를 위해 어떤 일이든 해야 했다. 일을 통한 자기 계발, 꿈 그런 것들을 생각할 여유가 없었으며, 일이란 오로지 생계 수단이었다.

그렇게 시작한 세일즈는 적성에 맞지 않았으며, 어울리지 않는 일을 하는 것만 같았다. 열의도 없었고 잘리지 않을 정도만 일을 했다. 이렇게 무료하게 일을 하며 평생을 보낼 수는 없다고 생각했지만 그렇다고 서른을 앞둔 나이에 무엇을 할 수 있을지 스스로를 믿지 못했다.

지금 생각해도 다행인 건 그 당시 정말 하고 싶었던 일이 무엇인지를 고민했던 것이다. 고민 끝에 선생님이 되어 교단에 서고자 했던, 잊고 지낸 오랜 꿈이 생각났다. 살면서 여러 일들을 경험하며 선생님과는 아주 먼 삶을 살고 있지만, 어린 시절부터 필자의 꿈은 선생님이었다.

'인생을 살맛 나게 해주는 건 꿈이 실현되리라고 믿는 것이지.'

– 연금술사

성공하는 리더가 되고자 한다면, 우선 미래에 당신이 어떤 삶을 살 것인지를 먼저 결정해라. 지금의 조직에서 임원이 되는 삶도 있고, 나아가 글로벌 리더가 되는 삶도 있다. 어떤 상상을 하던 미래에 당신에게 일어날 것이라고 믿어라. 안 될 것 같다며 안되는 이유를 찾으면 안 될 것이고, '될 수도 있잖아?'라는 마음으로 가능한 이유를 찾으면 가능하다. 우리는 할 수 있다고 생각하면 할 수 있는 방법을 찾는 등 마음에 따라 행동하기 때문이다.

꿈이 실현될 거라 믿으면 일의 의미를 제대로 찾을 수 있다. 자신의 성공을 신뢰하는 그 순간부터 일은 미래를 위한 필연적 과정이고 투자의 시간이 된다. 필자 또한 강사가 될 거라 믿으면서 일을 대하는 열의가 생겼다. 지금의 일이 미래의 꿈을 이루기 위한 과정이라 여겨졌기 때문에 누구보다 열정적으로 일을 했다.

누구에게나 인생에 몇 번의 기회가 있다고 하는데, 필자가 그 당시 너무 늦었다며 포기했더라면 지금과는 다른 삶을 살았을 것이다. 할 수 있을 것 같다고 스스로를 믿고, 이 과정이 맞나? 싶은 불안이 들 때마다 더 강하게 꿈이 실현될 것을 믿고

자 노력하자.

즐겁다고 생각하면 활력이 생긴다.

　미래의 삶을 결정하면 일을 하는 이유가 미래로 이동한다. 현재의 생계 또는 상사의 지적에서 벗어나기 위해 일을 하는 것에서 미래의 성공, 자기 계발을 위해 일을 한다. 필자 또한 그러했다. 미래의 삶을 정하고 나서부터 누구보다도 열정적으로 업무에 집중할 활력이 생겼다. 무료했던 일이 즐거워졌고, 업무를 통해 배울 점을 찾았다. 그렇게 열정을 쏟았더니 실적이 바로 나타났다.

　사내에서 전국 매출 순위로 7팀에 해외여행 인센티브가 있었는데, 본인도 포함이 되었다. 그즈음 입사 초기의 필자를 알던 동료들은 어떻게 사람이 갑자기 변하냐며 놀리곤 했다. 그때 알았다. 사람이 갑자기 변할 수 있다는 것과 우리의 생각이 삶의 태도를 완전히 바꾸어 준다는 것을 말이다. 일이 즐거워지니 활력이 생기고 매사에 열정적으로 되었다.

　즐겁다고 생각하면 활력이 생긴다. 당신의 미래 목표를 명확히 그려 봐라. 그 상상은 당신이 스스로를 얼마나 믿느냐의 여부에 따라 실현이 결정된다. 자신에 대한 믿음과 신뢰가 있다면 이제 미래의 성공을 상상하며 오늘을 보내라. 그러면 일상이 즐거워진다.

오늘이 내일을 바꾼다.

오늘을 어떻게 보내느냐가 내일을 바꾼다. 하루를 정성껏 보내는 사람은 지금 하는 일이 미래를 위한 투자라는 일의 의미를 잘 알고 있는 사람들이다. 일의 의미를 모르는 사람들은 현재에만 집중하고 자신의 미래를 기대하지 않는다. 그러니 지금 20대 신입 사원이 하는 일들이 무의미하게 느껴질 수밖에 없다.

성공하는 리더를 꿈꾸는가? 그러면 미래에 어떤 삶을 살아갈 것인지를 상상하라. 그리고 성공할 것이라고 자신을 믿어라. 내가 나를 믿지 못하는데 누가 당신에게 기대하겠는가? 지금의 일이 미래에 중요한 사건이 될 것을 또 믿어라. 자기 신뢰는 일의 과정을 즐기는 여유를 가져다준다. 일의 의미가 현재가 아닌 미래를 향하고 있으니, 하루하루가 즐거워진다.

오늘의 사건이 내일을 바꾼다. 월급 받은 만큼 일을 하는데 내일 급여가 오를 것을 기대한다고? 세상에 그런 이치는 없다. 사회는 먼저 능력을 보여줘야 신뢰가 쌓인다. 받은 만큼 일을 한다고 하면 늘 그만큼에 머물게 된다. 당신이 얼마나 가치 있는 사람인지 알아차리고 미래를 기대해라. 그러면 당신의 일의 의미도 알게 될 것이다. 일의 의미를 아는 사람에게는 열의가 있다. 이 열의는 당신을 성공으로 안내하는 열쇠가 된다.

성공하는 리더가 되기 위해 일의 의미를 찾는 법

1. 미래의 성공하는 삶은 어떤 삶인지를 정한다.
2. 정한 삶이 미래에 이루어질 것이라고 믿는다.
3. 일의 의미는 미래의 성공을 이루기 위한 과정이라 생각한다.
4. 열의를 가지고 일을 대한다.
5. 성공하는 결과물로 인정받는다.

2.

행복을 위한 일, 일의 행복

김용이

"선생님의 사례를 저의 강의 소재로 활용해도 될까요?"

주로 지방자치단체를 대상으로 강의 활동을 하는 모 강사님이 필자에게 연락해 왔다. 공무원 중앙제안에서 한 사람이 여러 번 상을 받은 경우는 처음 봤다면서, 필자의 스토리를 자신의 동기부여 강의에서 소재로 활용하고 싶다는 것이었다. 쑥스럽기는 했지만, 다른 분들에게 도움을 줄 수도 있다는 생각에 인터뷰에 응했다.

공무원으로서 순환보직에 따라 다양한 업무를 하면서 때로는 적성에 맞지 않았고, 때로는 그만두고 싶을 때도 있었다.

도저히 재미를 찾기 힘들 때는 경제적 수입 측면에 집중하며 스스로 다독였다. 그러다 보면 어느새 새로운 흥미와 기회를 찾아내 다시 신나게 몰두하게 되었고, 일하면서 여러 번 상을 받았던 이력 덕분에 강의의 소재가 될 수 있었던 것 같다.

어떤 일을 하느냐 보다 어떻게 생각하느냐가 중요

일 자체가 아니라, 그 일을 어떻게 보느냐에 달려 있다 ("how one 'sees' one's job").

– Wrzesniewski와 Dutton (2004)

공무원으로 오래 일하다 보니, 순환보직 제도로 평균 3년마다 새로운 부서로 이동하고 승진과 함께 또 다른 변화를 맞이하는 것이 일상이 되었다. 때로는 즐거움과 보람을 느끼지만, 때로는 의미를 찾지 못해 방황하기도 한다. 특히 하기 싫은 일에 대한 인내심이 부족한 필자는 흥미를 느끼지 못하는 업무를 마주할 때면 힘들어했다. 그러던 어느 날, 문득 깨달았다.

"어차피 일하러 가는 길, 내가 즐겁게 만들어보자."

그렇게 일의 의미를 찾기로 결심했다.

유명한 착시 이미지 중 〈나의 아내와 장모님(그림1)〉이 있다. 영국 만화가 윌리엄 엘리 힐이 1915년 미국의 한 유머 잡지에 게재한 것인데, 보는 사람에 따라 젊은 여성을 보기도 하고 노인의 모습이 먼저 보이기도 한다. 때로는 한쪽 그림이 도저히 보이지 않는다는 사람도 있다. 아래 그림을 보면서 두 가지 모습을 찾아보자.

일을 보는 관점도 의도적으로 선택할 수 있다. 필자는 어떤 자리에서 무슨 일을 하건 작은 실마리를 찾아, 젊은 여성의 턱선처럼 집중해 바라보곤 했다. 기피 업무라 할 수 있는 노사 관리 업무를 맡았을 때도 이 그림을 생각하며 중심을 잡았다. 협상가와 상담가 역할을 잘하고 싶어 사비로 MBTI 강사 자격증을 취득했는데, 그 덕분에 사내 강사로 강의를 하게 되었다. 관점을 바꿔 적성에 맞는 의미 있는 일로 발전시킨 것이다.

[그림 1] 착시 그림, 〈나의 아내와 장모님〉
(My Wife and My Mother-in-Law, William Ely Hill, 1915)

왼쪽 그림에서 중앙의 튀어나온 지점을 집중해 보면서 '턱'이라고 생각하면 젊은 여성의 옆모습이 보이고, 동일한 지점을 '코' 끝이라 생각하고 보면 주걱턱의 매부리코를 가진 노인의 모습이 보인다.

이 그림처럼 일을 보는 관점도 의도적으로 선택해 볼 수 있다.

다시 한번 그 그림을 떠올려본다. 당신은 젊은 여인이 보이는가, 아니면 노인이 보이는가? 결국 중요한 것은 자신이 어떤 일을 하느냐가 아니라, 그 일을 어떻게 바라보느냐이다. 시선이 바뀌면, 일의 의미도 함께 변화한다. 이것이 바로 필자가 오랜 공직 생활을 하며 깨달은 가장 큰 교훈이다.

하기 싫은 업무를 맡았을 때 – 잘 찾으면 흥미의 실마리가 보인다.

어느 날 지방자치단체에서 교육을 하는 강사라고 자신을 소개하는 분에게 뜻밖의 전화를 받았다. 그 강사는 공무원 중앙제안에서 여러 번 상을 받은 사람을 찾다가 나를 발견했다고 했다.

"선생님의 이야기가 다른 공무원들에게 좋은 본보기가 될 것 같아요. 제 강의에서 소개해도 될까요?"

처음에는 부끄러웠지만, 내 경험이 다른 사람들에게 도움이 될 수 있다는 생각에 동의했다.

20대에 공무원으로 들어와 50대가 되었으니, 시간이 참 많이 흘렀다. 그동안 총 3번 공무원 제안에 아이디어를 제출했는데, 세 번 모두 부처별 선발을 거쳐 중앙제안에서 총 3차례

2~3위에 선정되었었다(2등 2번, 3등 1번). 이로 인해 대통령 근정 포장과 국무총리 표창이 주어졌고, 인사상 특혜로 호봉 특별 승급과 특별승진 대상이 되는 혜택도 받을 수 있었다. 이런 노력이 다른 이들에게 좋은 영향을 주는 강의 소재로 사용될 수 있다니 영광이라는 생각이 든다.

기억해 보면 아이러니하게도 세 번의 아이디어 모두 일이 적성에 맞거나 재미있어서 시작한 것은 아니었다. 첫 번째 제안은 같은 날 입사한 동기들에 비해 승진이 늦어지다 보니 이를 극복하려고 노력한 결과였고, 두 번째 제안은 너무 하기 싫은 업무를 편하게 해보려는 아이디어에서 출발했다. 세 번째 제안은 정말 생뚱맞은 업무를 맡으면서, 기존 사람들과는 다른 시각으로 일을 들여다보게 되면서 찾아낸 결과였다.

"나만의 차별적인 특기를 만들어서 동기들을 앞지르겠어!"
"아, 정말 하기 싫은데 반복적인 일을 자동화할 방법은 없을까?"
"왜 이 절차는 이렇게 비효율적일까?"
이런 생각들을 하나씩 해결해 나가는 과정에서 이해 당사자들을 설득하고 제도를 만드는 일들이 도전이었고, 흥미진진한 모험이었으며 활력이 되었다. 처음에는 작은 변화였지만, 그 효과는 놀라웠다. 업무 처리 시간이 단축되고, 예산 절감 효과를 인정받아 언론에 기사화되기도 했다.

하지만 이런 외적인 성과보다 더 값진 것은 일의 의미를 찾았다는 것이었다. 적성에 맞지 않다고 출근하기 싫어하던 업무에서 오히려 더 좋은 결실을 맺었던 경험이 있기에, 어떤 일을 하던 의미 있는 포인트를 찾겠노라 결심한다. 그리고 노력해서 만든 작은 변화가 세상에 누군가에게 좋은 영향을 미치고 있다는 믿음, 이것이 바로 필자가 찾은 직장에서의 행복이자 보람이다.

일의 의미를 찾으면 행복도 따라온다.

생각해보면 '어떻게 해서든 일에서 보람을 찾아내려 노력'했던 이유는 결국 '나 자신의 행복'을 위해서였던 것 같다. 하기 싫은 일에 인내심이 없는 성격이기 때문에 어떻게든 동기부여를 해야 했기 때문이다. 그런데 억지로 만든 이유라도 일하다 보면 재미로 변하고, 행복감까지 선사하곤 했다. 그 원리는 무엇일까? 박사과정에 재학하며 학문적으로 연구하다 보니 '직장에서의 번영감(thriving at work)'이라는 개념을 찾을 수 있었다.

직장에서 일하는 것이 개인의 행복감까지 이어질 수 있게 해주는 '번영감'에는 '활력'과 '학습'이라는 두 가지 개념이 포함되어 있다(Spreitzer 등(2005)1)). 특히 자신의 일에 가치를 찾은 사람은 일하면서 '활력'을 느끼게 되고, 활기차게 일하면서 배우게 되는 '학습감'으로 인해 결과적으로 개인적인 행복감을 높이게 된다는 원리이다. 이런 원리는 단지 이론적인 이야기가 아니라 실제 세계 여러 학자들에 의해서 입증되고 있다.

일의 의미를 찾는 여정은 쉽지 않다. 하지만 자신의 일에서 가치 있는 점을 발견하고 집중할 때, 여러분은 단순히 일을 하는 것이 아니라 활력과 학습의 조화를 경험하게 될 것이다. 또한, 여러분의 직장 생활은 더욱 풍요로워질 것이다. 때로는 의도적인 노력이 필요하지만, 그 노력은 반드시 보답받을 것이다. 개인의 행복과 성장뿐만 아니라 조직의 발전으로도 이어져, 직장에서의 성공으로 이어지는 선순환을 만들어내기 때문이다.

---

1) Spreitzer, G. M., Sutcliffe, K. M., Dutton, J. E., Sonenshein, S., & Grant, A. M. (2005). A socially embedded model of thriving at work. Organization Science, 16(5), 537-549.

일의 의미를 찾는 것은 결국 자기 행복을 위해서이다. 자, 이제 여러분 본인을 위해 의미를 찾아보는 것이 어떨까?

일하기 싫고 흥미를 못 찾겠는가? 그렇다면
다음의 3가지만 기억하자.

1. 어떤 일을 하느냐 보다 나의 일을 어떻게 생각하느냐가 중요하다.
2. 마음에 들지 않는 업무를 맡게 되더라도 잘 찾으면 흥미 있는 실마리가 보인다.
3. 일의 의미를 찾는 것은 결국 자신의 행복을 위해서이다.

3.

경제적 자립? 아니! 경제적 독립!

이지혜

4년제 대학을 합격했다는 기쁨은 잠깐이었다. 3녀 중 장녀였던 본인에게 학비는 큰 금액으로 다가왔다. 만약 남동생이 있다면 군 입대 기간 부모님께서 비용을 마련할 시간이 있겠지만, 두 명의 여동생이 대입을 앞두고 있었다.

남다른 독립심과 부모님께 경제적 부담을 덜어 드리고 싶다는 마음에 자발적으로 입학을 포기하고, 전문대학에 진학했다. 대부분의 학생들이 캠퍼스 낭만을 즐길 때 필자는 학업에 전념해 전 학기 장학금을 수령했고, 결과적으로 학비가 줄었다. 용돈 충당을 위해 아르바이트를 병행하는 모습이 안타까웠던 부모님께서는 무리하지 말라고 하셨지만, 경제적 독립을 이루고자 하는 의지를 꺾지는 못하셨다.

졸업 후, KBS 보도국 뉴스 제작 보조 요원으로 취업했고, 또래보다 빠른 사회생활을 시작해 급여의 50%를 저축했다. 군 복무 기간에는 군인공제회 가입해 월급의 70%를 자동이체로 적립했다. 그 결과, 결혼 자금을 비롯해 필요한 목돈을 스스로 해결했다. 일의 의미를 여러 곳에서 찾을 수 있겠지만, 필자는 일의 의미를 경제적 독립에서 찾고자 한다.

경제 전문 지식을 쌓고, 본인만의 노트에 실천 계획을 수립하자.

경제적 독립을 위한 필자의 노력을 소개하면 다음과 같다. 먼저, 경제 지식을 쌓기 위해 서적들을 정독해 배경지식을 쌓고, 노트에 이론들을 바탕으로 본인만의 계획을 구체적으로 수립했다. 티끌 모아 태산을 만든다는 속담처럼 돈이 돈을 낳는 복리 구조를 이해하고, 군인공제회처럼 소속 기관에서 우대하는 높은 금리의 저축 상품을 활용했다. 제1금융권 은행 중 자택 근처로 왕래가 용이한 주거래 은행을 선정해 급여 입금 기록을 남겼다. 신용도를 관리하며 담당 직원과 친분을 유지하고 원금이 보장되는 투자 상품을 문의해 투자한 결과 종잣돈으로 목돈을 만들었다.

요즘 많은 이들이 비트코인이나 주식에 관심을 갖고 투자하고자 하는데 이 또한 시작할 목돈이 있어야 한다. 아파트 청약에 당첨이 된다고 해도 최소 10%의 계약금을 납부할 수 있는 여유 자금이 필요하다. 완전체로 경제적 독립을 이루기 위해 당신에게 필요한 최소 비용은 얼마인지 생각해 보자. 경제적으로 독립이 되어야 진정으로 독립된 삶을 살고 있다고 할 수 있지 않을까? 지금부터 경제 전문 지식을 쌓고 본인만의 실천 계획을 수립하자.

시집이 취집이 되지 않도록 나만의 경제권을 갖자.

대학 졸업과 동시에 취업에 성공한 A는 매일 반복되는 일상이 지루했다. 그러던 중 안정적인 직장을 가진 남자와 결혼했고, 부부는 맞벌이 3년 후 임신을 계획했다. 하지만, 계획을 빗나간 임신으로 퇴사했고, 시집이 취집이 되었다. 사직서를 제출할 때, 회사 생활의 단조로움과 일을 쉬고 싶다는 마음이 더해져 시원함만 있을 뿐 섭섭함은 없었다.

출산 후, 자녀 양육 비용이 만만치 않음을 느껴 재취업을 알아봤지만 경력 단절의 벽이 높음을 확인할 뿐이었다. 시집 가서 편하게 살겠다는 목표로 결혼한다면 결코 그럴 수 없음을 말한다. 시집은 취집이 될 수 없다. 혼인과 동시에 배우자의 가족 구성원이 늘어나 챙겨야 할 경조사 또한 증가하면서 비용도 상승한다. 세월이 지날수록 양가 부모님들에게 거액의 의료비가 발생할 확률이 높기 때문에 시집가서 남편이 벌어다 주는 돈으로만 편하게 살겠다는 취집이 최종 목적지라면 도착지를 재설정하자.

경력 단절 극복을 위해 고군분투했던 경험을 바탕으로 타임머신을 타고 과거로 돌아간다면 결코 일을 놓지 않을 것이다. 결혼하자마자 지인들과 함께한 식사 비용을 계산할 때 머뭇거리는 순간이 있었다. 배우자와 경제 공동체로 사용하는 생활비는 공용이라는 생각에 결제가 망설여졌다. 한편으로 결혼 전이라면 기분 좋게 "오늘은 내가 쏠게!"라고 계산했을 텐데, 이렇게 평생 살아야 한다고 생각하니 삶이 팍팍하게 느껴졌다. 결혼 후, 작은 일이라도 꾸준히 하며 은행 실적을 쌓고, 신용도를 관리하는 등 자율적인 경제권을 형성하자.

경제 독립 만세!

삼일절 행사를 중계하는 방송 중 '대한 독립 만세!'를 외치는 장면이 있다. 대한 자립 만세라고 하지 않는다. 최종적으로 추구할 단계는 작은 도움이라도 받아야 하는 자립이 아닌 외부 손길을 전혀 받지 않는 독립 단계이다.

필자가 최종적으로 지향하는 바는 경제적 고민이 없는 안락하고 편안한 노후다. 이를 위해 본인 명의 통장으로 최저 생계비를 포함한 취미와 문화생활까지 두루 즐길 수 있는 연금이 매달 입금되도록 하는 것이 목표다. 4대 보험이 되는 직장에서 가입하는 국민연금은 물론이고, 개인적으로 연금 저축 금융 상품에 투자하고 있다. 자녀들 학원비만큼 노후 자금 마련에 적극적으로 행동하자.

경제적 독립을 위한 실천 사항

1. 경제 전문 서적의 내용을 노트에 정리하고, 실천 가능한 계획을 수립한다.

2. 소득이 발생하면 제1금융권 은행을 선정해 주거래를 하며 투자 자금을 형성한다.

3. 결혼 후, 지속적인 경제 활동을 하고 여유 자금은 복리 구조를 형성해 목돈을 만든다.

4. 편안하고 안정된 노후를 위해 연금을 마련하며 대책을 수립한다.

4.

배움은 꿈꾸던 인생으로 나를 업그레이드한다

신상숙

"나이는 숫자에 불과하다."

광고 카피의 문구이다. 최근에는 외모, 건강, 생활 방식에서 나이를 뛰어넘는 사람들이 많아지며 이 말이 더욱 실감 나게 들린다. 본인 역시 57세라는 나이에 오랫동안 마음속 켜켜이 숨겨두었던 학력에 대한 열등감을 극복하고자 대학원에 진학하며, 나이는 숫자에 불과한 인생을 시작했다.

만학(晚學)이 아닌 만학(滿學)을 꿈꾸며

늦은 나이지만 '만학도(晚學徒)'라 불리는 게 싫었다. 그래서 대학원 지원 동기 첫 줄에 "만학(晚學)이 아닌 만학(滿學)을 꿈꾸며"라고 적고는 스스로를 토닥였다. '난 늦게 공부하는 사람이 아니라 리더로서의 실무 경험에 이론적 학문을 채우는 사람이 될 거야.'라며.

그러나 막상 입학하니, COVID-19로 인해 ZOOM으로 수업이 진행되면서 그동안 경험하지 못했던 디지털 학습 환경에 툭 던져져 상상했던 대학원 생활과는 사뭇 다른 현실을 마주하게 되었다. 끝이 보이지 않는 지식의 바다에서, 열심히 암기했지만 뒤돌아서면 잊어버리는 스스로를 보며 그저 늦깎이 학생인 만학도(晚學徒)의 현실을 느꼈다.

만학(滿學)!

흐려져 가는 머릿속에 지식을 채운다는 의미로 사용하며 스스로 뿌듯해했던 단어였다. 지식을 채운다니… 이 얼마나 겁 없고 건방진 생각이었던가. 굳이 디지털 환경이 아니더라도 매일같이 새로운 지식이 쏟아지는데 어떻게 지식을 채운다는 발칙한 생각을 했던 것인지 부끄럽기 짝이 없다. 그러한 지원 동기를 보며 교수님은 어떤 생각을 하셨을까.

하지만, 그래도 그러한 자신감이 "내 나이 60세 되기 전 석사 학위를 받으리라"는 작은 목표를 이루게 했고, "이왕 시작한 공부…. 65세 이전에 박사 학위도 받아보자"라는 새로운 목표를 세우게 하는 원동력이 되었던 것 같다.

"논문" 무모했지만 신박했던 도전

석사 학위를 받을 수 있는 방법은 두 가지다. 하나는 논문을 쓰는 것이고, 또 다른 하나는 졸업시험을 보는 것이다. 대학원 지원 시 목적은 학위였기 때문에 시간이 걸리는 논문보다는 졸업시험을 염두에 두고 있었다. 그러나 리더와 맞지 않는다며 어렵게 입사했음에도 불구하고 퇴사하는 직원들을 보며 밀레니얼 세대들의 이직 의도가 궁금해졌고, 리더십과 이직 의도 간 어떤 메커니즘이 존재하는지가 궁금해져 당초의 목표인 60세 이전 석사 학위를 받을 수 없다 하더라도 논문을 한번 써보자는 생각이 들었다.

논문을 써보고 싶다는 필자의 의견에 가족 모두는 "이 결정 반댈세" 하며 손사래 쳤지만, 연구를 진행하면서 가장 궁금했던 부분인 청년들이 인식하는 "일의 의미"와 "이직"에 대해 다시 생각해 보는 좋은 계기가 되었다. 또한 논문을 작성하며 알게 된 세대에 대한 이해를 통해 직원들과 소통에 관한 스킬도 향상되었으나, 논문 막바지 극심한 스트레스로 급성 신우염이 찾아와 가족들의 걱정과 원성을 듣기도 했다.

2019년 호주 멜버른 대학에서 90세의 나이로 노화학 석사학위를 취득한 로나 프렌더가스트는 배움은 더 많은 꿈을 꾸게 한다고 하였고, 2022년 98세에 역사·철학 석사학위를 취득한 이탈리아의 파테르노와, 2023년 미국 노스텍사스 대학교에서 학제간 연구 전공으로 석사학위를 취득한 90세의 미니 페인도 배움에는 끝이 없다고 하였다.

국내에서는 2022년 당시 92세로 이상숙 박사가 사회현상에 대한 답을 찾고자 5년 만에 석·박사 학위를 취득하였다. 그녀는 사회학도의 꿈을 이루기 위해 학교 앞으로 거처를 옮기고 건강 관리와 함께 열심히 논문을 썼던 그 5년을 자신의 꿈에 몰입하였던 시기라 하였다.

자신의 꿈에 몰입하는 시간…. 그건 자아실현을 위한 몰입으로 매슬로우의 5단계 욕구 중 인간이 누릴 수 있는 가장 최상의 욕구라 할 수 있다. 여성경제인협회장을 지낼 정도로 경영활동에 열심이셨던 이상숙 박사의 인터뷰는 논문을 쓰며 힘들 때 내게 도전이 되었고, 결국 논문이라는 무모한 도전이 내게 직원들의 마음을 배려할 줄 아는 리더라는 신박한 결과를 선물하였다.

"일의 의미, 그리고 학습의 의미"

프로 산악인도 산을 내려오다 길을 잃으면 처음 출발했던 곳으로 돌아가라고 한다. 이는 초심으로 돌아가면 새로운 방향이 보인다는 의미이다. 필자에게 있어 학업이 그렇다. 분명 어제 봤던 내용임에도 전혀 기억이 안 나는, 마치 밑 빠진 독에 물 붓기 같은 학습이지만, "나는 왜 일을 하는가? 지금 내가 하는 일이 내 인생을 가치 있게 만드는가?"라는 물음에 대한 답을 찾아주기도 하고, 또 새로운 의문을 제기하기도 한다.

뒤늦은 학업의 시작은 학위 취득이 목적이었다. 30대에 언론사 여성 임원이었다는 경력에 어울리지 않는 학벌로 인한 열등감을 해소하고 싶었던 것이다. 그러나 학습이 더해질수록 업무뿐 아니라 삶을 닮고 싶은 리더가 되어보자는 새로운 목표가 생기게 되었다. 그러다 보니 리더십과 조직문화, 청년뿐 아니라 경력 단절 여성 및 신중년 등 모든 세대를 아우르는 고용과 관련한 정책이 의미 있는 학습으로 다가왔다.

혹자는 쉬엄쉬엄해도 학위를 취득하는 데 큰 어려움은 없지 않느냐 하기도 하고, 학위 취득 후 전공과 관련된 어떤 일을 하고 싶으냐 하는 질문을 받으면, 글쎄요 미래의 일을 어떻게 알겠어요 라는 대답을 할 수밖엔 없지만, 현재 재직 중인 회사에서 필자의 계속 고용을 위해 정년 제도를 폐지하자는 CEO의 제안으로 직원들 특히 여성들에게 자신의 꿈을 실현하기 위해 배움의 중요성을 일깨워 주는 데 큰 도전이 되었기에, 필자의 학업은 그간 직장 경험을 토대로 청년이나 경력 단절 여성, 그리고 퇴직을 앞두고 있는 신중년들에게 미약하나마 배움의 중요성을 깨닫게 하는 데 도움이 될 것이라 확신한다.

결론적으로 짧지 않은 인생에서 너무 늦은 건 아닐까 했던 학업은 흐려져 가는 기억으로 인해 밑 빠진 독에 물을 붓는 것 같았지만… 어느 순간 쑥 자란 밑동을 보여주는 콩나물처럼, 일과 학습이 서로 어우러져 필자의 꿈을 점점 구체적으로 성장시킨 것이다.

며칠 전 박사과정의 코스웍이 끝났다. 이제 흐드러지는 벚꽃 아래서 사물놀이 연습하는 20대 청춘들을 가까이서 바라보거나, 늦은 밤에도 학교 축제에 연예인이 온다며 교정의 함성 속에 파묻히는 경험을 하기는 어렵겠지만, 벌써부터 그런 경험들이 그리워지는 것은, 일이나 학습에 대한 의미감을 부여하지 못했던 20대에 대한 아쉬움 때문이 아닐까 한다.

그래서 이 글을 읽는 독자들에게 진심으로 당부하고 싶다.

지나간 모든 시간과 일에는 의미가 있다. 혹 의미가 느껴지지 않는다면 하고 싶었던 것이 무엇이었는지를 초심으로 돌아가 생각해 보라. 그리고 자신의 장점과 강점, 경험을 바탕으로 목표를 설정하고 그 목표를 이루기 위해 혹여 부족한 점이 있다면 배움에 도전하라. 과정은 힘들 수 있으나, 그 결과는 더 큰 꿈을 이루기 위한 초석이 되어 삶을 더욱 풍요롭게 할 것이다. 시간이 좀 걸릴 뿐 꿈은 반드시 이루어진다!

꿈을 이루는 가치로운 인생을 위한 단계별 노력

1. 하고 싶었던 것이 무엇이었는지 초심으로 돌아가 생각해 보기

2. 자기 인식을 통해 작은 목표를 설정하고, 부족한 점을 찾아내어 보완하기

3. 더 큰 꿈을 이루기 위해 배움에 도전하기

5.

성장을 향한 일의 가치를 발견하다

김선미

어느 날 2000년생 사회 초년생이 "주무관님, 재미있는 일이 뭐 없을까요?, 요즘 일하기도 싫고 왜 하는지도 모르겠어요."라고 필자에게 묻는다. 그러다 보니 동료들과 일에 대해 자연스럽게 작은 토론이 시작되었다.

직장 생활을 하다 보면 '왜 일을 해야 할까?'라는 가장 원초적인 질문을 스스로에게 자주 던지게 된다. 일의 의미는 꼭 찾아야 하는 걸까? 그냥 생계 수단으로 생각하면 안 되나? 등등.
신입 시절에는 더더욱 그렇다. '왜 그렇게 열심히 취업 준비를 했을까?'라는 의문도 들곤 한다. 막연히 공무원이 되고 싶고, 선생님이 되고 싶고, 이름만 들어도 알 수 있는 기업에 들어가고 싶고 그랬을 것이다. 그렇게 해서 취업에 성공하면 상황은 180도 달라지는데 말이다.

일을 하는 목적은 삶의 의미와 연관이 있다. 일을 단순한 생계 수단이나 의무로만 여길 때, 그것은 우리에게 무거운 짐으로 다가온다. 반대로 일에서 의미와 보람을 찾고, 도전과 성취감을 얻을 수 있다면 그 과정 자체가 우리의 삶을 풍요롭게 만들어준다. 그래서

"일의 의미를 발견하라. 왜 이 일을 하는가?"라는 질문은 스스로에게 매우 중요하다.

실제로 일이 지루하거나 힘들어질 때, 또는 일이 즐겁지 않을 때마다 직장을 떠날 수 없듯, 우리는 그 안에서 기쁨과 재미를 찾아야 한다. 그렇다면 어떻게 일의 의미를 찾을 수 있을까?

일의 숨은 의미 찾기 : 세상의 모든 일은 의미가 있다.

일의 의미를 찾는 첫 번째 방법은 "이 일은 왜 할까?" 스스로에게 질문하는 것이다. 그 답을 찾기까지는 꽤 길고 외로운 시간이 될 수 있다. 그러나 스스로에게 끊임없이 질문을 던지

고, 그 질문에 진지하게 답하는 과정에서 우리는 점차 자신이 걷고 있는 길의 의미를 발견하게 된다. 질문에 대한 답은 쉽게 얻어지지 않을 수도 있다. 시간이 걸리더라도, 때로는 답을 찾지 못하는 것처럼 느껴지더라도 끊임없이 질문할 때 비로소 일은 진정한 의미를 갖게 된다.

두 번째는 현재 내가 하고 있는 일의 내면을 바라보는 것이다. "지금 내가 하고 있는 일에서 무엇을 얻고 있는가? 하고 있는 일이 누구에게 어떤 도움이 될까?"를 인식하면 일의 의미를 찾을 수 있다. 이 질문은 우리가 하는 일이 단순히 결과만을 중시하는 것이 아니라, 그 과정에서 무엇을 배웠고, 어떤 성장을 이루어냈는지를 알 수 있다.

우리는 일을 통해 능력, 지식, 관계(태도) 등 여러 가치를 얻는다. 일을 대할 때 그 가치들을 인식하는 것이야말로 우리가 그 일에서 의미를 찾아내는 중요한 방법이다. 일은 사회적 관계 속에서 이루어지며, 내가 하는 작은 일이 다른 누군가에게 큰 변화를 가져올 수 있다. 이러한 인식을 통해 우리는 더 큰 사회적 의미도 찾을 수 있다. 내가 하는 일이 누군가에게 도움이 되고, 그들의 삶을 조금이라도 나아지게 한다는 사실을 깨닫는 순간, 우리는 일의 의미를 더 깊게 느끼게 된다. 만약 일의 내면을 보지 않고 타인의 시선이나 사회의 기대에 따라 일의 의미를 규정하려 한다면, 그 의미는 늘 불완전하고 불안정할 수밖에 없다. 결국 내가 나의 삶을 어떻게 바라보고, 어떻게 살아가기를 원하는지에 대한 답과 연관되는 것이다.

여기서 중요한 것은 바로 자기 자신과의 대화를 통해 일상의 가치를 발견하려는 꾸준한 노력이 아닐까.

사실 신입 때는 자신이 무엇을 알고 무엇을 모르는지도 명확히 알기 어려운 시기다. 또한 일에 새롭게 눈을 뜨는 시기다. 매일 반복되는 업무에서 나는 과연 어떤 의미를 찾을 수 있을까 고민하게 된다. 일에서 무언가 의미와 재미를 얻으려면 일에게 가까이 가야 하고 일속에서 무엇인가를 찾아야 한다. 그리고 신입이라면 회사에서 맡은 일이 크든 작든, 가벼운 일이든 무거운 일이든 소중히 여기는 것이 중요하다. 일을 소중히 여기는 마음으로 내가 하는 일속에서 가지게 되는 무엇인가를 느낄 수 있다면 그것이 작은 성취감이든 비전이든 이직의 실마리든 그건 성공한 것이다. 혹 별다른 무언가를 찾지 못했다 할지라도 일의 경험을 자산화하고 일의 가치에 집중하면 된다.

일은 성장의 모멘트

인생에서 일이 차지하는 부분은 중요하다. 특히 자기 성장 측면에서 그렇다. 성장이란 나에게 익숙하지 않은 걸 하게 하는 가능성이고 더 큰 사람으로 되게 하는 것, 어쩌면 미래에 맡겨질 역할에 맞는 일을 하게 될 수도 있을 것이다. 일을 통해서 숨겨진 자신의 역량을 찾고 신입 리더로 성장할 수 있는 발판을 마련할 수 있다.

신입 때는 다양한 일을 경험하면서 잠재력을 발견하고 성장하는 과정이며, 역량을 강화하는 중요한 시기다. 이는 자기 역량을 키우고 점차 더 큰 역할을 맡아야 하는데, 기회가 왔을 때 그 역할에 적합한 일을 자연스럽게 수행할 수 있을 것이다. 또한 일을 하면서 일의 가치를 구분할 수 있다면 성장을 위해 작은 실천을 시작하는 것이다.

업무를 하다 보면, 업무 중 하고 싶은 일이 적고 하기 싫은 일이 많더라도 하기 싫은 일을 하는 과정에서 하고 싶은 일이 주어지기 마련이다. 남들이 하기 어려운 일을 맡아 성공적으로 수행할 때, 비로소 인정을 받을 수 있으며 성장을 자연스럽게 가져오고, 이는 튼튼한 자신감을 만들어준다.

일을 잘할 수 있다는 점은 스스로를 기쁘게 하고, 회사에 나가는 원동력이 된다.

일본의 교세라그룹 창업자인 이나모리 가즈오가 그의 저서 〈왜 일하는가; 지금 당신이 가장 뜨겁게 물어야 할 첫 번째 질문〉에서 말한 것처럼 일에는 사람의 내면을 변화시키는 엄청난 힘도 숨어있다. 업무의 과중이 늘어나면서 표정에 웨이브가 보이기도 하지만, 아무리 하찮은 일이라도 내가 뭔가 끌림이나 호기심에서 시작하는 일을 진심으로 대한다면 나는 충분히 성장하고 있고 직장 생활을 제대로 하는 것이다. 어쩌면 삶도 제대로 사는 것이지 않을까.

> 모든 인간은 자기 자신의 이상이다.
> : Every man is more than just himself.
>
> – Hermann Hesse, 데미안 (1919)

우리는 일을 하다 보면 성공과 실패를 경험하고 예상치 못한 장애물에 부딪힌다. 그때마다 우리는 자신감이 떨어져 스스로에게 묻는다. "왜 이 일을 해야 하고, 나는 어디까지 올라갈 수 있을까?" 그러나 이 질문에 대한 답은 결코 외부에서 주어지지 않는다. 한계를 결정하는 건 바로 나 자신이기 때문이다. 앞서 말한 것처럼 일의 의미는 목표에 대한 성과를 달성하는 과정에서 나 자신을 어떻게 정의하고, 내 가능성을 어떻게 확장해 나가는지에 달려 있다.

많은 사람들이 "고전 속에 답이 있다"라고 하듯이 필자 또한 헤르만 헤세의 '데미안'에서 큰 깨달음을 얻었다. 책 속에서 헤르만 헤세는 '모든 인간은 자신보다 더 뛰어난 가능성을 지닌 존재임을 자각해야 한다'라고 말한다. "모든 인간은 자기 자신의 이상이다"라는 그의 말은 우리가 성장할 수 있는 한계는 우리가 상상한 만큼 존재할 뿐이라는 것을 의미한다. 결국, 성장을 향한 길은 스스로 설정한 한계를 넘어서려는 끊임없는 도전에서 비롯되고, 우리가 점점 더 나은 목표를 향해 일한다면, 일 속에서도, 삶 속에서도 고전 속 주인공처럼 빛나는 이야기를 써 내려갈 수 있지 않을까.

우리는 일에서 단순한 성취의 결과가 아니라, 일의 의미를 스스로 정의하고, 자신의 가능성에 대해 한계를 두지 않고, 일의 내면을 깊이 바라본다면 직장 생활이 일하는 놀이터로 생각될지 모른다. 일에서 의미를 찾지 못하면, 열정도 성장도 없다. 오늘 내가 할 수 있는 소신 있는 한 걸음으로 날개를 만들어 달아보자. 자신이 가진 능력이 지금은 부족해 보일지라도, 마치 산을 오르듯 작은 성장부터 한 걸음 한 걸음 나아가보자. 스스로 일의 의미를 만들고 자신이 하는 일은 모두 성장 가능성이 된다는 점을 잊지 말고 매일 매일 한 웅큼씩 성장해 보자.

성장을 향한 일의 가치를 어떻게 발견할까?
아래 3가지만 기억하자!

1. 이 일은 왜 할까? 스스로에게 끊임없이 질문한다.

2. 이 일은 누구에게 어떤 도움이 될까? 일의 내면을 바라본다.

3. 나의 숨은 역량은 무엇일까? 자신의 가능성에 한계를 두지 않는다.

제2장

일의 태도

따르는 법을 알아야 리더가 된다

홍선영

   최근 재미있게 시청한 예능 프로그램으로 '흑백요리사'가 있다. 100인의 요리사가 경연을 펼치는 서바이벌인데, 개인적으로 여러 참가자 중 에드워드 리 셰프가 가장 인상적이었다. 한국인이지만 미국의 스타 셰프인 그는 요리계의 아카데미상이라 불리는 제임스 비어드상에 9번이나 후보로 지명되었고 백악관 국민 만찬의 셰프로도 유명하다. 경력과 실력 면에서 이미 최고인 그는 팀별 미션을 수행하는 동안 리더와 재료 손질을 두고 의견이 달랐지만 팀 리더를 믿고 지지하며 팀을 성공으로 이끌었다.

   나중에 인터뷰에서,

"나와 의견이 달랐지만, 팀 리더를 믿어야 한다."

라고 말하며 리더십이 단지 앞에 나서는 것만이 아님을 깨닫게 했다.

따르는 법을 아는 사람이 진정한 리더가 될 수 있다.

이끄는 법 못지않게 따르는 법을 아는 사람이 진정한 리더가 될 수 있다. 흔히들 리더십 하면 선두에 서는 사람만을 생각하지만 성과는 실제로 일을 수행하는 대다수의 팔로워가 움직여야 얻을 수 있다. 앞서 소개한 서바이벌에서도 각각의 능력 있는 개인들이 모여 모두가 이끄는 리더가 되었다면 팀의 승리를 이끌 수 없다. 선두에 서는 리더가 있다면 따르는 팔로워가 있어야 팀이 성공한다. 각각의 위치에 맞는 리더십을 보일 줄 아는 사람이 진정한 리더이다. 당신이 미래에 진정한 리더가 되고자 한다면 따르는 법을 먼저 배울 것을 권한다.

18년 동안 기업교육 강사로 쉼 없이 일해왔다. 2012년부터는 개인사업자를 내고 10년 넘게 1인기업 교육컨설팅 회사를 운영하고 있는 대표이기도 하다. 하고 싶은 일을 하는 기쁨이 있으니 직업의 선택에 있어서는 성공이라고 생각한다. 이런 필

자에게 하고 싶은 일을 할 수 있었던 비결을 묻는다면,

'어른들이 좋아하는 팀원이 되는 것.'

이라고 알려주고 싶다.

여기서 어른이란 의사 결정권이 있는 상사를 의미한다. 돌아보면 여러 회사를 옮기며 일을 하는 동안 필자를 인정해 주는 리더들을 만났기에 오늘까지 올 수 있었다. 상사들이 필자를 믿고 일을 맡기니 남들보다 기회가 더 생기곤 했다. 그렇다면 리더는 어떠한 팀원을 믿고 신뢰할까?

리더가 믿고 신뢰하는 팀원은 조직의 결정을 지지하며 실행 가능한 아이디어를 내는 팀원이다. 여기서 맹목적 지지라는 오해는 말기 바란다. 조직의 방향성이 확실할 때 실행 가능하도록 지지하자는 의미이지, 부도덕한 업무까지도 수긍하는 예스맨을 뜻하는 것은 아니다. 어른들이 필자를 좋아하는 이유가 그저 운이 좋아서인 줄 알았는데, 그런 이유만은 아니라는 것을 알게 된 계기가 있다. 프리랜서 강사 시절 모 기업 교육 프로젝트를 위해 여러 강사들이 모여 회의를 진행했던 때의 일이

다. 의뢰 기업의 교육을 위해 프로그램과 공통 강의안을 개발하는 과정이 어느 정도 진행된 시점에 방향이 달라졌다. 거래처의 요구가 더해지면서 작업을 다시 해야 했다. 상황이 미안했던지 컨설팅사의 대표는 그동안 과정을 개발하면서 함께 배웠다고 생각하고 다시 수정해 보자고 이야기를 했지만 불만이 나오기 시작했다.

분열이 일어나고 있을 때 필자는,
"그래도 지금까지 해온 과정이 있으니, 수정은 쉬울 거예요. 그리고 우리가 원하는 건 교육생이 만족하는 교육이잖아요. 교육 전에 알았으니, 오히려 잘 된 거라 생각하고 해 봐요." 라며 함께하는 강사들을 설득하고 있었다. 어떠한 의도 없이 자연스럽게 일어난 사건이었지만, 대표는 이 시점을 계기로 필자를 신뢰하게 되었다고 한다. 다들 안 되는 이유를 찾았을 때 안 되는 이유보다 할 수 있는 가능성을 먼저 찾아 움직이는 모습을 보고 오랫동안 함께 하고 싶은 사람이라는 확신이 들었다고 한다.

사람들과 오랜 신뢰를 유지하는 필자의 비결이다. 상사의 지시나 조직의 결정에 가능성을 찾으며 문제를 해결하려 했고,

수고로움을 아끼지 않았다. 이러한 필자의 경험은 요즘에도 통한다. 기업 강의 중 가장 멀리하고 싶은 팀원의 유형을 논하다 보면 자신의 얼마 안 되는 경험으로 조직의 방향이 틀렸다며 부정하는 후배라는 의견이 곧잘 나온다.

그리고 남들보다 일을 더 하는 것에 연연하지 않았다. 주는 만큼 언젠가는 무엇으로든 보상이 돌아온다고 믿었기 때문에 눈앞의 이익을 먼저 생각하지 않고 일을 했다. 받은 만큼 일을 하겠다는 흔한 생각은 상대와 동등한 위치에 있을 때 가능하다. 아직 힘이 약한 20대 사회생활 초보에게 먼저 베풀고자 하는 사람은 많지 않다. 신뢰가 없으니 일을 맡기려는 사람도, 급여를 올려주거나 중요한 업무를 시작하는 기회가 적을 수밖에 없다. 받은 것이 없다고 타인에게 주는 것 없이 기다리는 수동적인 사람에게 기회는 오지 않는다. 방법은 간단하다. 많이 주고 잊어라.

성공하는 리더가 될 당신이라면, 상사를 따르며 인정받는 법을 먼저 배워라. 젊은 날은 먼저 성공을 이룬 어른들의 기회와 성공 바통을 이어받을 준비를 하는 시간이다. 상사에게 인정받기 위해 당신의 노력을 제공하는 투자가 필요하다. 지금의 투자로 당신이 얻는 건 눈에 보이는 신뢰의 보상, 경험의 다양성, 그리고 지금은 알 수 없지만 언젠가 돌아오는 보상도 있다. 좋은 상사를 만나는 것은 행운 같은 일이라지만, 그 행운을 만드는 방법도 있다. 당신이 먼저 상사를 지지하고 리더에게 힘을 실어주는 능력 있는 직원이 되는 것이다.

그러기 위해서, 오늘부터 상사의 지시에 가능한 방법을 찾으며 일을 시작해 본다. 그리고 당신의 노력을 더 하는 데 주저하지 않는다. 당신의 상사와 신뢰 관계를 유지하며 따르는 리더십을 발휘해 보자.

따르는 리더가 되어 타인을 위해 일을 해라.

당신이 직장에서 최고위 리더가 되는데 얼마만큼의 시간이 걸릴 것으로 예상하는가? 9급 공무원으로 시작했다면 3급 이상의 최고위 리더가 되기까지의 시간, 사원으로 기업에 입사했다면 부사장이 되는 데까지 걸리는 시간 말이다. 10년? 20년? 개인마다 다르기는 하겠지만 꽤나 많은 시간이 걸린다. 최고위 리더가 되기까지 우리는 누군가에게 리더가 되기도 하지만 따르는 팔로워로 있을 때도 있다. 더 정확히 말하자면 선두의 리더와 따르는 팔로워의 역할을 동시에 하고 있다. 앞에 나서는 리더십은 있지만 따르는 팔로워십이 없는 사람이 리더가 될 수 있을까? 결론은 없다. 따르지 않는 사람을 리더로 인정하는 동료도 상사도 없기 때문이다. 리더가 되고자 한다면 당신은 먼저 따르는 리더십을 길러야 한다. 그러기 위해서는 자신보다 타인을 위해 일을 시작해야 한다.

이타심을 발휘해서 일을 시작해라. 이타심은 타인을 위하는 마음으로, 개인주의와 상반되는 말이다. 이순신 장군의 명언 "살려고 하는 자는 죽을 것이고, 죽으려고 하는 자는 살 것이다."라는 말이 있다. 모순된 말인 것 같지만, 이 말을 들여다보면 개인주의와 이타심이 보인다. 전쟁 중 적군과 마주하는 위기 앞에 혼자 살려고 하는 자는 죽을 것이고, 가족과 나라를 위해 죽으려고 하는 자는 살 것이니, 이타심이 우리를 승리로 이끈다.

리더에게 이타심이 필요한 이유는 우리가 하는 대부분의 업무는 타인을 위한 일이기 때문이다. 필자의 직업은 기업교육 강사이다. 강의하는 업무가 자신을 위한 일일까? 아니다. 교육을 듣는 교육생을 위하는 일을 하고 있으며 그 일을 잘했을 때

강사로서 인정받는다. 당신이 기업에서 회계 업무를 담당하고 있다면 그 업무 또한 본질은 자신이 아닌 타인을 위한 업무이다. 그런데도 자신을 위해 일을 하는 사람들이 문제다. 회계 업무를 조직의 예산 절감과 타인을 위해 하는 것이 아니라, 자신의 사리사욕을 위해 일한다면 개인주의를 넘어 이기주의가 된다. 우리가 하는 일은 타인을 위하는 일임을 잊지 말자. 타인을 위해 개인주의를 넘어 이타심이 발휘되었을 때 당신은 진정한 리더가 될 수 있다.

따르는 리더십으로 이타심을 발휘하는 방법

마인드가 충전되었다면 이제 행동하라. 조직에서 이타심을 발휘하여 따르는 리더십 행동을 당장 시도해 볼 것을 권한다. 무엇을 먼저 할지 모르겠다면 우선 당신이 따라야 할 사람이 누구인지를 찾아라. 당신의 리더 말이다. 찾았는가? 리더를 잘 따르는 리더십을 발휘하는 최선의 방법은 그를 믿고 지지하는 것이다. 흑백요리사의 에드워드 리의 행동과 대처를 떠올려 보자. 리더가 의사결정을 하는 데 도움이 되는 의견이라면 주저하지 않고 의견을 제시한다. 그리고 리더의 결정으로 방향이 정해진 일에 대해서는 그를 신뢰하고 할 수 있는 방법을 적극적으로 모색한다. 무조건 의견에 수용하라는 의미가 아니다. 이미 결정된 사안이 자신의 의견과 다르다고 따르지 않는 아웃 사이더가 되지 말자.

이타심을 발휘하는 방법 첫 번째는 결정된 사안의 일을 누구를 위해 하는 것인지 기준을 명확히 한다. 당신이 직접적으로 도움을 주어야 하는 선배도 있고, 마케팅 카탈로그를 보고 제품 선택에 도움을 받는 고객을 생각할 수도 있다. 이렇게 타인을 위한 이타심을 발휘하는 것이 당신의 성공을 위한 행동으로 돌아온다. 왜냐하면 그렇게 해낸 일들의 결과물로 일 잘하는 사람으로 인정받고 주변에 당신을 지지하는 사람들이 많아지기 때문이다.

두 번째는 리더가 추진하고 있는 일을 잘 해낼 수 있는 아이디어를 떠올려라. 그리고 그러한 의견들을 리더에게 제시하며 그가 옳은 결정을 할 수 있도록 조력해라. 가장 효과적인 조력은 리더가 잘하는 일 보다 그의 부족한 부분을 채워 균형을 맞추는 일을 찾아서 시도한다. 이런 일이 반복된다면 당신은 인정받는 팀원이 될 수 있다.

세 번째 타인을 도울 수 있는 일이 무엇인지를 생각하고 작은 일부터 시도해라. 《당신은 다른 사람의 성공에 기여한 적 있는가?》라는 책에 마이크로소프트사의 직원 평가 기준이 소개된다. 마이크로소프트사에서는 '다른 사람과 협력하여 자신의 성과뿐 아니라. 다른 사람의 성공에 기여했는지 여부'가 평가의 기준이 된다. 장기적으로 보았을 때 자신의 성공만을 추구하는 사람이 아닌 타인의 성공을 위해 일하는 사람이 조직이 원하는 인재상이고 리더가 될 수 있다는 선택이다. 타인의 성공을 위해 근무 환경을 바꾸는 것, 선배가 좋아하는 업무 방식으로 일을 하는 것, 팀장님이 좋아하는 음료를 기억했다가 주문하는 것 등 작은 것에서부터 타인을 돕는 이타심을 발휘해 보자. 시간이 지날수록 당신이 지지하는 조력자가 늘어날 것이다.

상사에게 인정받는 법

1. 상사의 목표 이해하기
2. 상사와 긍정적인 태도로 소통하기
3. 책임감 있게 결과물 전달하기

노력없는 성공은 없다

김선미

"대단한 일을 하셨네요."
"정말 고생 많으셨어요. 보람이 크시겠어요."

주변의 칭찬과 격려가 새삼 가슴에 와닿는다. 필자가 몸담고 있는 지자체와 고등학교 간 협력 사업이 성공적으로 마무리된 덕분이다.

처음부터 쉽지 않았던 이 프로젝트는 시간이 지남에 따라 나를 더 단단하게 만들었다. 학교와의 소통 강화를 위해 커뮤니티를 운영하고 의견을 나누며 세부 지원 방안을 마련했지만, 담당자 교체와 요구사항 조율 등 예기치 못한 어려움이 많았다.

결국, 노력 끝에 프로젝트는 성공적으로 마무리되었고, 경기도 일자리 우수사업 운영사례 최우수상이라는 값진 결과도 얻었다. 무엇보다, 이번 일을 통해 나 자신도 한층 성장했음을 느낀다. 배움과 성장은 끝이 없음을 알기에 앞으로도 나아갈 준비가 되어 있다.

필자는 한국통신(현 KT)을 잠깐 거쳐 자의 반 타의 반 육아 전문가로서의 긴 시간을 지나 현재는 지방자치단체 임기제 공무원으로 일하고 있다. 일을 한지도 20년이 되었다. 사실 비슷한 업무를 오래 하다 보면 관성이 생기고 지친다. '내가 이 일을 통해 성장하고 있는 건가?' 라고 의문이 들 때도 있다. 그런 의문이 들 때, 의도적으로 일을 새로운 시각으로 바라보자. 일할 때 지난번과 같은 일인데 라고 별로 대수롭지 않게 생각하지만, 익숙한 일일수록 더욱 신중하게 생각하고 새로운 관점에서 봐야 한다. 지난 일을 떠올리며, 일하는 과정에서 부족했던 부분에 추가적인 가치를 어떻게 넣을 것인가, 불필요한 부분은 과감히 버리고 새로운 일을 하는 것처럼 해보자. 또한 일의 시작과 끝 사이에는 언제나 노력이 필요하며, 이것이 곧 전문성을 향한 과정이다.

의도적인 학습과 습관적인 열정이 답일지 모른다.

삶에서 우리는 늘 무언가를 배우고, 도전하며, 성장하는 과정속에 있다. 그중에서도 '일'은 가장 현실적인 배움의 기회이며, 자기성찰과 성장을 이루는 중요한 수단이다. 진정한 전문성은 우리가 일 속에서 배우고, 배움을 통해 스스로를 확장해 나가는 데 있다.

일이 단순한 반복적인 활동이라고 가볍게 여기면 안 된다. 우리가 신입 때 하게 되는 단순 반복적인 업무는 전문성의 배경이 되는 중요한 요소다. 단지 일을 하는 과정에서 의도를 가지고 아웃풋을 비교하고 방법에 대한 고민을 해야 한다, 그것이 곧 의도적인 학습이다. 이렇게 일에 대한 학습이 쌓인 사람만이 후에 전문성을 가질 수 있다고 믿는다. 이런 경험으로부터의 학습 능력이 지속적으로 성공하는 것과 그렇지 못한 것을 구분 짓는 중요한 차이이기도 하다. 드므즈(De Meuse et al, 2010)등의 연구에 따르면 성공적인 리더는 효과적으로 학습하는 능력이 뛰어났기 때문이라고 강조한다. 반면 실패하는 리더의 경우, 이들도 과거에는 많은 성공 경험과 다양한 직무 경험을 갖고 있음에도 불구하고 자신의 직무와 경험으로부터 학습하지 못했기 때문이라고 말한다(De Meuse, K. P., Dai, G., & Hallenbeck, G. S. (2010)1).

우리는 일을 통해 자신의 능력을 발휘하고, 새로운 문제에 부딪히며 문제해결을 위해 끊임없이 학습한다. 학습은 노력하는 과정이며, 노력하다 보면 나를 성장시키기 위한 역량들이 차곡차곡 쌓인다. 다양한 일을 체감하게 되면 일에 대한 프로세스가 생기고 다양성을 축적하는 성장은 미래에 문제해결을 할 수 있는 전문가로서의 역할을 하게 될 것이다.

그리고 전문가를 향한 또 하나 중요한 요소는 에너지, 바로 열정이다. 셀프 동기에서 비롯된 열정은 꾸준한 노력을 통해 점점 더 깊어진다. 시간이 지나면서 이 열정이 기회로 이어지고, 내가 좋아하는 일, 잘하는 일의 접점이 생겼을 때, 비로소 진정한 전문가로 거듭난다.

네스프레소 코리아 이승호 본부장은 과거 S전자에서 냉장

---

1) De Meuse, K. P., Dai, G., & Hallenbeck, G. S. (2010). Learning agility: A construct whose time has come. Consulting Psychology Journal: Practice and Research, 62(2), 119-130.

고 마케팅을 담당하며 조직에서의 성장을 고민했다. 입사 초기, 다양한 모델을 이해하지 못했던 그는 간절한 마음으로 300개가 넘는 모델 코드를 외우기 시작했다. 그러던 중 회의에서 냉장고 사이즈 문제를 지적받았을 때, 그는 확신 있는 답변으로 정확히 설명해 강한 인상을 남겼다. 이 계기로 특별 프로젝트를 맡게 되었고, '모델을 외운 직원'으로 불리며 빠르게 인정받았다.

그의 이야기는 맡은 일에 대한 진심과 자기 성장에 대한 열정이 기회를 만들어낸다는 점을 보여준다. 작은 성과를 쌓아 큰 성장을 이룬 그의 경험은 일에 임하는 태도의 중요성을 다시금 깨닫게 한다.

몇 년 전, 번아웃이 찾아왔다. 쉼 없이 달려온 시간들이었다. 그러던 중 때마침 남편과의 여행에서 틈에 박힌 얼음에 미끄러져 다리가 부러지는 사고를 당했다. 덕분에 한 달간 병원 신세를 지게 되었는데, 입원 첫날에 먹은 병원 밥이 그렇게 맛있을 수 없었다. 하지만 6개월 동안 병원을 직장처럼 오가면서 필자는 일하고 싶은 마음이 간절했다. 일에 대한 열정이 내 안에 이토록 깊이 자리하고 있을 줄은 몰랐다. 아니면 단순히 습관이 되었을지도 모르겠다. 빈틈없이 준비된 온전한 휴식은 아니었지만 그렇게 시간이 가고 제대로 일을 시작한 건 거의 1년 만이었다. 누군가 휴식은 내일을 위한 충전의 기술이라고 했던가. 잠깐의 멈춤이 있은 후, 다시 일에 뛰어들면서, 나는 이전보다 더 열정적으로 일할 수 있었고, 마치 가속도가 붙은 듯했다.

전문성을 가지려면 여러 가지 일을 해봐야 하는 것은 누구나 알고 있는 사실이다. 꼭 내 일이 아니더라도 관심과 흥미를 가지고 봐야 한다. 일에서 시행착오와 발견을 되풀이하고, 자신이 해낸 일을 칭찬하면서 끊임없이 학습의 과정을 되풀이해본다. 그렇지 않으면 진정한 성장을 하지 못할 수도 있다. 미래의 나를 꿈꾸고 상상하고 도전하자.

필자는 운동을 좋아한다. 수영, 골프, 헬스, 테니스 등 다양한 운동을 짧게는 한 달 길게는 1년 이상을 했다. 그중에서도 볼링은 살면서 가장 꾸준히 해온 유일한 스포츠다. 좋은 성적을 내지는 못했지만 우리 시 대표로 두 번이나 대회에 출전했고, 부서별 대회에서는 우승의 주역이었다. 볼링을 시작한 지는 4년이나 되었지만 정말이지 늘지가 않아 운동에 재능이 없나보다 생각하고 그만두려고 수백 번 생각했다. 그런데 몇 개월

전부터 무언가 깨닫게 되고 자세에 미세한 변화를 주면서 점수가 많이 오르고 볼링이 다시 재미있어졌다.

일도 마찬가지다. 일을 하다 보면 힘들고 지치는 일이 많지만, 언젠가는 변곡점에 이르게 되고, 변곡점을 지나면 우리는 몰라보게 큰 성장을 한 전문가가 되어있을지도 모른다. 이렇듯 의도적인 학습과 열정은 일에서뿐만 아니라 삶에 필수적이다. 그리고 그 여정에서 중요한 것은 결과가 아니라, 그 과정에서 느끼는 작은 변화와 깨달음들이다. 일을 통해 배운 모든 것이 결국 나를 더 나은 사람으로 만들고, 그로 인해 세상을 조금 더 밝게 비추는 것이 아닐까.

전문성은 일에 대한 노력의 값이다.

개인마다 업무에 대한 이해도 깊으나 관점은 생각이 다를 수 있다. 가장 중요한 것은 자세 태도라고 생각한다. 오늘 내가 한 일이 내일의 나를 만들 듯이 일은 지속적인 학습이 필요하다. 스스로가 꾸준한 노력을 기울여야 한다. 일을 잘한다고 되는 것은 아니다. 처음에는 서툴고 더디더라도 의도적으로 학습하다 보면 언젠가는 쉽게 할지 모른다. 일은 성장과 전문성을 가지는 것이 핵심이다. 일의 배움에 의지를 가지고 임하라. 일에서 언제 어떻게 쓰일지 모르는 나의 잠재력을 키워라. 진정한 성장은 학습에서 온다. 때때로 좌절과 어려움이 찾아오지만, 그럴 때일수록 작은 성취를 소중히 여기고 꾸준히 전진하는 것이 중요하다. 매일 조금씩 배우고, 조금씩 성장해 나가는 과정이 결국 큰 변화를 만들어낸다. 학습하고, 그 과정을 통해 스스로 발전하는 것은 우리 삶의 질을 높이는 중요한 열쇠다.

기시미 이치로가 그의 저서 "아무것도 하지 않으면 아무 일도 일어나지 않는다"에서 "삶은 타고난 대로 사는 것이 아니라 마음먹은 대로 사는 것이다!"라고 말했듯이 중요한 것은 '무엇이 주어졌는가'가 아니라, '주어진 것을 어떻게 활용할 것인가'이다. 삶은 타고난 대로 사는 것이 아니라, 마음먹은 대로 살아가는 것임을 말하고 있다. 일도 마찬가지다. 우리가 과거에 있었던 일을 떠올리며 "만약 00 했더라면" 이라고 하는 이유는, '할 수 있는 가능성' 속에서만 있기 때문이다. 현재, 지금 하고 있는 일에 어떤 태도로 임하느냐에 따라 미래가 달라질 수 있음을 기억하자.

직장에서 일이 주어졌을 때 선택은 마음이 가는 대로 할 수 있지만, 일단 마음을 정하면 일을 잘되게 만들겠다는 생각을 갖고 있다. 열심히 하다 보면 결국 잘하게 되고 잘될 것이라고 믿는다. 내가 나를 신뢰하나? 우리는 언제, 어디서 올지 모르는 기회를 잡을 준비가 되어 있어야 한다. 지금의 나를 믿고, 현재의 가능성을 신뢰하며 두려워하지 말고 전문가가 될 기회를 차근차근 준비하자. 오늘도 하루 성장의 가치가 엄청난 힘을 발휘할 날이 오기를 기대하며 몸이 기억하는 지혜를 만들어보자.

일에 대한 전문성을 기르는 꿀팁 3가지~!

1. 일을 어떻게 할까? 일하는 과정에서 방법에 대해 끊임없이 고민한다.
2. 내 일이 아니더라도 관심과 흥미를 가지고 본다. (일의 다양성을 축적한다)
3. 주어진 모든 일에 열정을 쏟는다. (습관적인 열정이 생긴다.)

3.

하늘은 스스로 돕는 자를 돕는다

이지혜

"하늘은 스스로 돕는 자를 돕는다."

원하는 바를 얻기 위해 스스로의 노력이 가장 중요하다는 뜻의 속담이다. 이직을 희망하던 기관 홈페이지에서 최종 합격자 명단을 확인한 순간 철저히 준비한 노력을 가상히 여긴 하늘도 도움을 줬다는 생각에 떠오른 말이었다.

경력직 이직을 위해 단시간 시간제, 비정규직으로 성심성의 껏 일한 시간들이 결코 헛되지 않음을 방증하는 순간이었다. 모든 과정들이 노력의 결과물이었고, 결국 최종 목표를 달성했다. 뜻을 이뤘다는 성취감에 저절로 미소가 지어졌지만, 고군

분투했던 장면도 동시에 떠올라 안도의 한숨이 쉬어졌다.

목표 달성을 위한 3단계: 계획 → 실행 → 검토

바라는 목표 달성을 위해 계획, 실행, 검토 3단계의 과정을 나누고, 단계별 준비 과정을 거쳐야 한다. 필자도 이직이라는 목표를 3단계로 달성했다. 계획 단계에서 제2의 직업을 찾기 위해 본인이 잘하는 일과 하고 싶은 일의 교집합을 찾았다. 하고 싶은 일이 무엇인지 고심해 보니 군 복무 시절 교육 장교 임무 수행을 할 때 집중하고 몰입했던 경험이 떠올랐다. 국군의 날 표창을 받은 공적 또한 교육 업무였다. 곰곰이 생각한 결과 하고 싶은 일과 잘하는 일은 교육 분야였다.

실행 단계에서 군 경력으로는 물류 쪽으로 이직이 가능했지만, 관심 분야인 교육학과 분명한 차이가 있기에 대학원에 진학해 교육학을 전공했다. 최종 합격을 기원하는 기관에서 자격증이 필수였기에 세 자녀들이 모두 잠든 후, 수면등을 반딧불 삼아 이어폰으로 소리가 새어 나가지 않도록 숨죽이며 온라인 과정을 수료했다. 학습과 더불어 가사에도 소홀하지 않기 위해 아등바등하는 날들의 연속이었다.

검토 단계에서 유사 자격을 추가한다면 동일 연령대 구직자들보다 경쟁력이 있을 것이라는 결론에 이르러 자격증을 다수 취득했다.

철저한 준비를 위한 노력: 자기 객관화, 시뮬레이션, 스토리텔링

1. 자기 객관화

구직 활동 시 평가 항목에서 연령을 고려한다면 필수 자격증이 하나일 경우 불합격 확률이 높았다. 준비 당시 필자의 나이는 채용 심사위원이나 관리자급 위치였다. 따라서 평생교육사 자격증 취득 후, 사회복지사, 보육교사, 청소년지도사 등 구직 분야에서 요구하는 공통 자격과 함께 실생활에 활용 가능한 건강가정사, 요양보호사, 한식조리사, 양식조리사, 바리스타 등의 자격을 두루 갖췄다.

한걸음 뒤로 물러서서 본인을 분석해 보는 것도 필요하다. "이 나이에 지금 시작해서 될까?"라는 지극히 개인적인 판단으로 자포자기하지 않도록 제3자의 눈으로 스스로를 냉철하게 관찰하고 분석하자.

2. 시뮬레이션

자격증 취득을 위한 전반적인 과정을 빈 종이에 필기도구로 직접 도식화했다. 온라인으로 직접 교육 과정을 검색해 최단 시간 자격 취득이 가능한 순서대로 표를 작성해 비교했다. 항상 다음 단계를 상상하며 이미지로 떠올리는 습관을 가졌다.

면접 대상자라는 안내를 받으면 면접 장소를 위성 지도로 살펴보고, 길 찾기로 대중교통을 이용할 경우와 도보로 이동할 경우 등 변수를 가정해 소요 시간을 예상했다. 핸드폰에 주변 건물을 스크린샷으로 식별화해 저장하고, 근처 도착 후 지각하지 않도록 사전에 출발부터 도착까지 전 과정을 머릿속으로 생생하게 떠올렸다.

심사위원들이 앞에 앉아 있다는 가정하에 면접 복장을 동일하게 입고, 문을 열어 의자에 앉는 행동부터 예상 질문과 답안을 작성해 문답하는 과정을 되풀이했다. 이러한 연유로 돌발 상황이 발생해도 당황하지 않고 침착하게 대응할 수 있었다.

항상 모든 준비 과정을 시각적으로 이미지화 해서 시뮬레이션하는 습관을 갖자.

3. 스토리텔링

자기소개서를 작성할 때 실제 경험을 바탕으로 차별화된 사례를 작성했다. 기관에서 제공한 이력서 양식 중 자차 보유 여부를 표시하는 항목이 있다면, 장거리 출퇴근을 염두에 둔 의도가 있음을 알아야 한다. 본인은 안전 운전과 방어 운전을 생활화해 무사고 운전 경력과 개인 차량으로 출퇴근 중이라고 장거리 출퇴근도 가능함을 나타냈다.

독특한 경험들을 이야기로 기록하는 습관을 갖자. 단기 대체 근무를 할 때, 근무 일지 양식이 없었지만, 근무 결과를 문서로 작성해서 기존 근무자에게 전달하자 호평이 이어졌다. 단기 근무 경력으로 기간제 6개월에 채용되었고, 추후 정년이 보장되는 일자리를 갖게 되었다. 꾸준히 이어진 단기 대체 근무 경험들을 성실함이라는 이야기로 녹여냈다. 과거 화려한 이력을 언급하기보다는 현재 갖고 있는 차별화된 능력에 대해 솔직하게 나열했다.

경쟁에서 이길 수 있다는 확신: 자신감, 자기 충족적 예언, 긍정적인 사고

1. 자신감

"할 수 있다!" 항상 자신감을 가졌다. 특히 취업의 마지막 관문인 면접 당일 아침은 더욱 당찬 태도로 면접에 임했다. 심사위원들 앞에 앉는 순간까지 마음속으로 수없이 되뇌었던 말이 "할 수 있다!"는 말이다. 지극히 평범한 문장이지만 심리적으로 안정감을 주는 힘을 가진 문장이다.

스스로를 믿지 못하고 불안감에 흔들리는 눈동자는 면접관을 비롯한 경쟁자들에게도 그대로 느껴진다. 따라서, 수없이 할 수 있다는 말을 되뇌며 평소보다 더 어깨를 활짝 펴고, 당당한 걸음걸이로 면접장 문을 열었다. 누구나 어떤 환경에서든 적용할 수 있고, 마음을 다독여주며 신뢰를 주는 영향력 있는 문장이다.

2. 자기 충족적 예언[自己充足的豫言]

자기 충족적 예언이란 미래에 대한 기대와 예측에 부합하기 위해 행동하여 실제로 기대한 바를 현실화하는 현상을 말한

다. [네이버 지식백과] 자기 충족적 예언 [自己充足的豫言] (두산백과 두피디아, 두산백과)

이는 속담 중에 '말이 씨가 된다'와 일맥상통한다. 고등학교 재학 시절 수학 선생님께 처음으로 접한 용어다. 공식을 설명하다 학생들이 지루해하면 자아 충족적 예언의 경험담을 들려주셨다. 그 당시에는 수업 시간이 지나가는 것에 만족했으나 사회생활을 하는 성인이 되어 말한 대로 이루어지는 경험을 되풀이하다 보니 단순한 이론이 아님을 깨달았다.

원하는 일을 선전포고할 경우, 빈말하는 허언증 환자가 되지 않기 위해서라도 그 과정을 준비하고 차근차근 실행하는 모습을 발견할 수 있었다. 이 책을 출간하기 전에 혼자 속으로 글을 써야겠다 생각하면 중도 포기할 것 같아 주변 사람들에게 예언했다. 글쓰기 모임을 하고 있고, 책이 완성되면 선물하겠다고 미리 말했다. 신뢰하는 지인들에게 본인이 원하는 바를 구체적으로 이야기한 뒤 계획하고 실행하면 목표를 달성할 수 있을 것이다. 자기 충족적 예언으로 이루고자 하는 것을 구체적으로 말하고 바로 행동으로 옮기자.

3. 긍정적 사고

물이 절반 채워져 있는 물 잔을 보고 어떤 생각이 먼저 떠오를까? 반이나 남아 있다는 긍정적 사고와 반밖에 없다는 부정적 사고 중 과연 어떤 생각을 먼저 했는지를 돌이켜보면 실생활에서 적용하는 평소 사고방식을 알 수 있다.

거주지 이전으로 정년이 보장된 정규직 일자리를 자발적으로 퇴사하고, 구직 활동을 할 때 긍정의 힘이 큰 작용을 했다. 컴퓨터를 리셋하듯이 삶에서 다시 출발하는 순간으로 좋게 생각하며 취업 현장을 발품 팔아 찾아 다녔다. 달라진 환경에 맞게 옷을 갈아입듯이 이사로 마주한 낯선 환경을 맞춤형 일자리로 극복하면 된다는 밝은 에너지로 생활했다.

끝이라고 생각될 때 도착점을 떠올리기보다 출발선이라는 새로운 시작을 상기하고 행동하자.

목표 달성을 위한 준비 과정

1. 계획 → 실행 → 검토 3단계로 목표 달성 과정을 구체화한다.

2. 자기 객관화와 시뮬레이션을 생활화하며, 남다른 경험을 스토리텔링으로 기록한다.

3. 자신감을 갖고, 자기 충족적 예언으로 목표를 행동화하고, 매사 긍정적 사고로 임한다.

4.

일하는 시간이 행복하려면?

신상숙

《일하면서 성장하고 있습니다》의 박소연 작가는 일터에서 보내는 시간이 대부분인 직장인의 삶 속에서 일하는 시간이 불행하다면 과연 삶이 행복할 수 있을까? 라는 질문을 던진다. 이는 대부분의 직장인이라면 공감이 가는 이야기일 것이다.

얼마 전 동네병원에서 "직원이 행복해야 고객이 행복해집니다"라는 글귀가 적힌 플래카드를 보았다. 글로벌 기업에서는 이미 업무나 직무, 조직에 대한 만족이 고객에게 더 나은 서비스를 제공한다는 사례를 바탕으로 직원들의 복지와 근무 환경에 많은 신경을 쓰고 있음을 알고 있었지만, 10인도 채 안 되는 개인 병원에서 그런 경영마인드를 갖고 있다는 것이 놀라웠다.

이렇듯 직원이 행복해지려면 물론 경영자의 마인드도 중요하지만, 구성원들 간 관계에서 조성된 조직문화와 함께 개인이 일을 대하는 태도도 중요하다.

따라서 자율성과 유연함을 강조하는 수평적인 조직문화인 "에자일(Agile)"과, 즐겁게 일하기 위한 개인적 태도의 일환으로 혈통과 평생직업의 기반이 약해지며 등장한 부캐(멀티 페르소나)에 주목해 보고자 한다.

자율성과 오너십이 강조되는 "애자일(Agile)" 조직

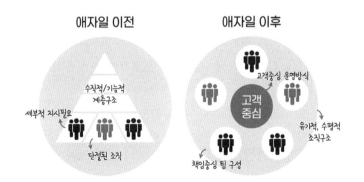

출처 : SK C&C 〈같이 읽는 IT 트렌드〉

세계 최강 부호 빌 게이츠는 구글에 안드로이드 출시의 기회를 준 것 때문에 돈(Bill)이 들어오는 문(Gates)의 자리를 내주고 2000년 MS의 CEO 자리를 사임하게 되었다. 이후 2014년 3대 CEO인 사티아 나델라는 애자일 조직 문화 프로세스와 모바일 클라우드 비즈니스를 통해 잃어버린 10년을 넘어 제2의 전성기를 맞게 된다.

애자일이 어떤 조직이길래 그런 효과를 냈을까?
애자일은 2001년 2월 21일 미국 실리콘밸리의 소프트웨어 개발자 17명으로 구성된 '애자일 연합'에서 시작되어 이후 전 세계적으로 확산되었다.

애자일 조직의 특징을 살펴보면, 자율적이고 유연한 팀의 특성을 가지고 있음에 따라 복잡한 절차 없이 의사결정이 빠르며, 변화에 빠르게 적응하고 고객의 요구사항을 신속하게 반영한다는 데 있다.

국내에서도 기존의 수직적 조직문화와 달리 효율성을 중시함에 따라 빠른 업무 추진력이 요구되는 스타트업이나 IT 기업을 중심으로 빠르게 확산되고 있다. 그러나 조직 문화는 하루

아침에 변화되는 것이 아님에 애자일 프로세스에 대한 충분한 이해와 빠른 의사결정을 위한 개개인의 역량 및 오너십 증진에 대한 노력이 필요하다.

실패한 아이디어에 보너스를 준다고?

구글은 "아리스토텔레스 프로젝트(Project Aristotle)"를 통해 성공한 팀의 특성으로 심리적 안정감(Psychological Safety)이 높은 구성원들의 원활한 소통이라는 점을 발견하고 실패한 팀에게 보너스를 주는 특단의 조치를 만들었다. 그리고 오히려 실패를 통한 학습을 지지하며, 진정한 실패는 실패를 통해 아무것도 배우지 않는 것이며, 실패하는 게 두려워 위험을 감수하지 않는 것이라 하였다.

실패에 대해 성과급을 지급하는 곳은 비단 구글뿐 아니다, 현대카드는 실패에 대해서는 책임을 묻지 않는 대신 아무런 아이디어를 내지 않는 간부는 퇴출시키고 있으며, BMW는 '창의적인 실수상'을 선정해 포상하고, 3M은 '실패 파티'를 통해 지속적인 실패를 권장하고 있다.

또한 GE는 실패 정보 DB를 50년 넘게 운영하며 사례를 모아 정기적으로 사례집을 만들어내고 있으며, 신제품 전문 컨설팅 회사인 아버스트래티지그룹은 수십 년 동안 실패한 제품 약 13만 점을 '실패 박물관'에 전시하고 있다고 한다.

성공한 기업들은 왜 실패에 집중하는 것일까?

직원 행복 연구소(2024)의 연구 결과에 따르면 자신의 아이디어가 인정받고 실현된 직원들의 직무 만족도는 35% 상승했으며, 맥킨지의 글로벌 조사(2023)에는 혁신적 아이디어를 지속적으로 발굴하고 실행한 기업은 그렇지 않은 기업에 비해 평균 2.4배의 높은 성장률을 보였다는 것이다.[2]

성공한 아이디어는 수많은 실패를 토대로 완성되며, 변화는 불편을 감수해야 한다는 것을 생각해 볼 때 급속한 변화의 시기에 개인들의 아이디어를 잘 관리하고 이러한 아이디어들이 실현될 수 있도록 서로 협력하는 동료나 리더가 있는 조직이라면 행복하지 않을까?

---

2) DIVE in HR. 2024.8.25. 연봉 인상보다 강력하다? 직원 아이디어 포상 제도

당신의 부캐는?

'부캐'란 부캐릭터의 준말로, 주된 역할이나 원래의 캐릭터
와는 다른 제2의 캐릭터를 의미하며 예능프로그램의 모 PD가
적용한 이래 아예 '부캐선발대회'라는 프로그램이 생길 정도다.
많은 연예인 중 개인적으로 가장 눈에 띄는 사람을 꼽자면 유
재석과 최근 활발히 활동하는 크리에이터 랄랄을 들 수 있다.

유재석은 MC로서 상대방을 배려하며 프로그램을 진행하
는 것으로 유명하다. 또한 얼마 전에는 유산슬이라는 예명으
로 트로트 가수로서 많은 사랑을 받았다. 하나만 잘하는 것도
힘든 일인데, 여러 캐릭터를 즐겁게 소화해 내는 그를 보면 참
대단한 사람이라는 생각이 든다.

랄랄은 2019년 11월 아프리카TV를 시작으로 활발한 활동
을 보이고 있는데, 1992년생임에도 불구하고 지상파에 나오는
모습은 50대 후반 드센 모습의 부녀회장 캐릭터이다. 그녀는
종합격투기 우승, 뮤지컬 배우, 피아노, 리코더 등 다양한 재능
을 과시하는 크리에이터로 20대뿐 아니라 5, 60대의 구독자
들에게 사랑을 받기 위해 찰떡같은 분장과 연기를 선보인다.

사실 부캐는 게임 등 사이버 공간에서 쓰이던 언어로, 청년 세대들이 학생이나 직장인으로서의 모습과 달리 별도 닉네임으로 본캐와는 다른 성격이나 솔직함, 진심, 개인적 취향 등 타인의 시선에 영향받지 않는 새로운 정체성을 드러내게 하는 효과가 있다.

이러한 현상에 대해 서울대학교 김난도 교수는

"현대인들이 다양하게 분리된 정체성을 갖게 되면서, 이제 '나 자신'은 단수가 아니라 복수, 즉 myselves가 됐다. 직장에서와 퇴근 후의 정체성이 다르고, 평소와 덕질할 때의 정체성이 다르며, 일상에서와 SNS를 할 때의 정체성이 다르다."[3]

라 표현하며 부캐는 멀티 페르소나(가면)로, 개인의 콘텐츠라 하였다.

그렇다면 부캐가 조직 구성원들의 일하는 시간에 어떤 즐거움이나 활력을 선사할까?

몇 년 전 우리 사무실에서 건담 플라모델 붐이 불었다. 주로

남자 직원들에게 인기가 많았는데, 일주일에 하룻저녁은 사무실에 삼삼오오 모여 배우자 몰래 주문해 놨던 건담 플라모델을 조립하였다. 동심으로 돌아가 당시에는 비싸서 엄두를 내지 못했던 것을 성인이 되어서 하니 얼마나 즐거웠을까…. 당시 정식 동아리는 아니었지만 그 모임을 이끌었던 직원은 "아무에게도 방해받지 않는 나만의 자유시간"이라며 그 시간을 즐거워했다.

평균수명이 늘어나고, 평생직장의 개념은 사라진 지 오래임에 따라, 본캐와 더불어 내 인생을 좀 더 가치 있게 만들어 줄 수 있는 것이 부캐라면, 이를 통해 본캐로 인한 피로감을 낮추고 위로받을 수 있도록 나만의 부캐를 성장시켜 보는 것은 어떨까?

직장에서 일하는 시간이 행복해 지기 위해서는?

1. 시대적 변화에 민첩하고 유연하게 대응할 수 있는 오너십(주도성)을 키워라.
2. 실패를 두려워 말고 어떤 아이디어든 제안하고, 협력자를 찾아라.
3. 직무 외에 내게 즐거움을 주는 부캐를 찾아보라.

5.

관계를 지속하는 3가지 말

김용이

'일과 직장 내 인간관계'에 관한 한 설문조사에서 379명의 응답자 중 81%는 직장 내 인간관계로 인한 갈등 때문에 퇴사를 생각해 봤다고 대답했다. 한편, 업무 관련 스트레스(28.1%)보다 인간관계로 인한 스트레스(71.8%)가 더 심한 것으로 조사되어, 직장에서의 인간관계가 많은 이들의 삶의 질에 영향을 미치는 중요한 요인임을 알 수 있다.

갈등 상황이 되면 이성적이던 뇌는 지능이 떨어져, 상대방의 논리적 근거를 기억하지 못하고 자신의 당위성만 우기게 된다. 그러면 어떻게 말해야 할까? 도로에서의 역주행에 비유해 보자. 우리는 아무리 바빠도 역주행하지 않는다. 자기 자신뿐 아니라 반대편에서 오는 차에도 위험하기 때문이다. 직장에서의 갈등도 역주행과 비슷하다. 누군가에게 이익이 되는 갈등은 없다. 결국 양쪽 모두 손해이고, 조직에도 피해를 입히게 된다는 사실을 기억해야 한다.

우리가 교통신호를 공부하듯이 갈등을 피하기 위해서도 노력해야 할 규칙과 필요한 능력이 있다. 첫째, 상대방의 마음을 잘 '듣는 능력', 둘째, 비난하지 않고 협의를 이끄는 '질문 능력', 셋째, 갈등 관계를 정상으로 붙이는 '화해 능력'이다.

첫째, 상대방의 마음에 공감하는 '듣기 능력'

상대방의 마음을 인정하기, 상대방의 말로 요약해 말해주기

어느 날 A 대리는 회의와 보고 때문에 자리를 많이 비웠다. 그런데 B 대리가 이렇게 말한다. "A 대리님, 왜 이렇게 자리를 많이 비우세요? 급한 협의 건 때문에 여러 번 왔었는데, 계속 자리에 없더라고요." A 대리는 기분이 나빴지만 참고 정중히 말한다. "제가 자리를 많이 비웠다고 생각했나 보네요. 회의와 보고가 많아서 그랬어요."

이 대화를 어떻게 생각하는가? 상대방의 마음을 인정하는 내용이 빠져 있어 완벽하지 않다. "제가 자리를 비웠다고 생각했나 보네요."라는 말 속에는 "나는 너의 생각을 인정하지 않는다"라는 뉘앙스가 깔려 있다. 온전한 공감의 말은 상대방의 마음을 인정하는 것에서 시작한다. 그러면 어떻게 말해야 할까? "긴급하게 협의할 일이 있었는데, 제가 하루 종일 자리를 많이 비워 답답하셨겠군요."라고 B의 언어로 말하면 된다.

표현은 구체적으로 : '무엇을' 공감하는지 말해주기

남: "미안해."

여: "뭐가?"

남: "그냥 다 미안해." (속으로: 왜 화내는지 진짜 모르겠네…)

개그 프로그램의 소재로 많이 나오는 연인의 대화이다. 직장 생활에 딱 맞는 경우는 아니지만 구체적으로 표현하는 대화를 설명하기 좋은 대화이다. 화가 난 이유를 모르더라도 미안하다는 말은 할 수 있다. 그러나 "무엇이" 미안하다고 정확히 말할 수 있으려면 상대방이 무엇 때문에 화가 났는지 공감해야 가능하다.

사과하는 것처럼, 공감의 말도 마찬가지다. "당신의 상황에 공감합니다."라는 말은 누구나 할 수 있다. 그러나 '무엇을'에 대한 구체적인 내용이 빠져 있으면 그저 인사치레가 될 수 있다. "어떠한 상황이기 때문에 그러한 감정이군요."라고 말한다면, 영혼 없이 "공감합니다"라고 하는 것보다 훨씬 호의적인 관계로 발전할 수 있을 것이다.

둘째, 비난 없이 협의를 이끄는 '질문 능력'

'왜'라고 묻지 말고 '어떻게'라고 물어보기

"B와 저는 이미 끝났어요." "우린 같이 일 못 해요." "저를 다른 데로 보내 주던가, 이 업무에서 빼주세요."라고 직원 A가 말한다. 심장이 철렁 내려앉는다. 그동안 그들 사이에 뭔가 트러블이 있는 듯했지만, 너무 간섭하면 안 될 것 같아 "알아서 잘 넘어가겠지" 하고 간과했던 게 후회된다. 상대측 B 직원도 만만치 않아 다른 자리를 알아보는 듯하다. 둘 사이 갈등으로 협업이 원활하지 않고 사무실 분위기도 가라앉았다.

상담을 청한 A 씨는 불만을 토로했다. "B가 오타가 많아서 뭐라고 했더니, 저에게 소리를 지르는 거예요!" 평소 직원들에게 명령하거나 짜증스러운 말투를 많이 쓰던 A의 태도도 문제가 있다고 생각한 필자는, "그런데 A 씨도 B에게 선 넘는 말들을 좀 하시더라고요."라고 지적했다. 그러나 A는 인정하지 않고 더 흥분했다. 필자는 내 말이 효과적이지 않았음을 깨달았다. 그렇다면 어떻게 말하는 게 좋았을까?

> 필자: "A 씨, 이번에 B와 다툼이 있었던 것 같은데, 서로 오해가 생긴 것 같아요. 앞으로 이런 상황이 또 생기면 어떻게 다르게 해결할 수 있을까요?"
>
> A 씨: "솔직히 B가 자꾸 기본적인 실수를 해서, 참다 참다 말을 했는데, 오히려 저한테 큰소리를 내서 좀 당황했어요. 제 입장에선 당연히 화가 날 수밖에 없었어요."
>
> 필자: "그렇죠, A 씨가 느낀 답답함이 이해돼요. 그런데 B도 아마 자기가 실수한 부분을 듣고 방어적으로 반응한 것 같아요. 이런 상황에서 어떻게 말하면 B가 좀 더 열린 마음으로 받아들일 수 있을까요?"
>
> A 씨: "음… 조금 더 차분하게, 문제점을 지적하되, 바로 지적하지 말고 나중에 말할 수도 있었겠네요."
>
> 필자: "좋은 접근이에요. 또 B가 기술적으로는 강하지만 행정 업무는 미숙한 편이니, 그 부분을 도와줄 방법도

있겠죠. 그러면 앞으로 B와 더욱 협력적으로 일할 수 있지 않을까요?"

이런 식으로 '어떻게'라는 질문을 사용하면, 비난이나 책임 추궁 없이 해결책을 모색하는 건설적인 대화를 이어 갈 수 있다.

"이 방법이 당신에게 더 좋습니다"

평소 말을 기분 나쁘게 하던 직원과 어떤 계기로 사무실에서 언성이 높아진 적이 있었다. 이를 지켜보던 친한 직원이 내게 "어떤 이유에서든 사무실에서 큰 소리가 나는 건 당신 평판 관리에 안 좋습니다."라고 조언했다. 솔직히 부끄러웠지만, 그 말 덕분에 "맞장구치지 않는 것도 능력이구나" 하고 깨닫게 되었고, 갈등 상황을 피할 수 있었다.

원하는 보직이나 승진을 바랄 때, 평판은 중요한 요인이 된다. 그래서 더는 참기 어렵다면 마지막 경고로 "사무실에서는, 화가 나더라도 소리를 낮추는 게 당신 평판 관리에 더 좋습니다."라고 말해볼 수도 있다. 상대방도 이 말을 들으면 정신이 번쩍 들 것이다. 그래도 주변에 분노를 유발하고 소리를 지르는 사람이 있다면, 평판을 잘 관리할 수 있는 당신이 진정한 승자임을 잊지 말자.

셋째, 갈등 관계를 정상으로 붙이는 '화해 능력'

이미 갈등이 생겼다면 – 갈라진 틈을 붙이는 특급능력을 보여주기

C 기관에 팀장으로 발령받았을 때의 일이다. 당시 직원이었던 J와 H는, 필자가 오기 1년 전부터 어떤 이슈로 인해 갈등이 깊어져 서로 말을 하지 않았다. 둘의 갈등으로 협업도 어렵고 분위기도 좋지 않아 비효율적이었다. 그래서 조금 더 친분이 있던 J 직원에게 맥주를 사 주며, 어렵더라도 화해를 해 달라고 부탁했다. J는 몇 시간의 설득 끝에 "팀장님이 그렇게까지 말씀하시니 노력해 보겠습니다"라고 겨우 대답했다.

과연 둘 사이가 회복될 수 있을까 반신반의했는데, 며칠 후 J가 환하게 웃으며 H와 잘 지내기로 했다고 말했다. 알고 보니 J가 H에게 먼저 다가가 "우리 사이 갈라진 틈은 요래요래 붙이면 되죠~"라

[그림 2] 갈라진 마음을 붙이는 능력

며 손가락으로 붙이는 시늉을 했고, 둘 다 웃으면서 자연스럽게 화해했다는 것이다. 이처럼 도저히 회복될 수 없을 것 같은 관계라도, 먼저 용기 내어 다가가면 극복할 수 있다는 사실을 기억하자.

물론 갈등을 예방하는 것보다, 이미 틀어진 관계를 회복하는 일이 몇 배, 아니 몇십 배 더 어려울 수 있다. 그러나 당신이 이 어려운 일을 해낸다면, 상사와 조직으로부터 '관계 역량'이 뛰어난 인재로 인정받게 될 것이다. 그리고 자신의 감정을 극복했다는 성취감에 스스로가 기특하게 느껴질 수도 있다. 마치 J 직원의 개운한 미소처럼 말이다.

소통을 위한 세 가지 대화 능력

1. '듣기 능력' : 상대방의 마음을 인정하고, 그들의 언어로 요약하여 말하기
2. '질문 능력' : '왜'가 아닌 '어떻게'로 질문하기
3. '화해 능력' : 갈등 관계를 정상화하기 위해 용기 내기

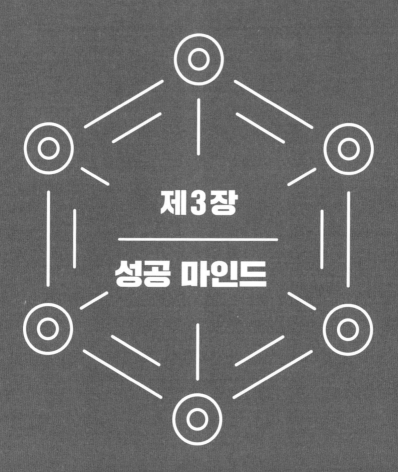

제3장

성공 마인드

습관 축적의 힘 : 눈물 나는 갓생 도전기

길한샘

사회적 성공, 부의 축적은 모든 사람들의 꿈이다. 그래서 많은 사람들은 성공한 이들의 일상 속 작은 행동과 습관이 무엇인지 궁금해한다. 나도 다른 사람과 마찬가지로 성공한 사람들이 세상을 바라보는 시각, 태도 등이 궁금했고, 따라 하기 위해 노력한 경험이 있다. 특히 온라인에서 유행했던 갓생챌린지를 아는가? 힙걸들의 하루 루틴을 담은 영상이다.

일단, 새벽 5시에 기상한다. 일어나자마자 운동 후, 직접 갈아 만든 채소 주스 한 잔을 마시고 공부, 독서 등 생산성 있는 일에 몰입한다. 멋진 힙걸들의 영상을 보면서 당장 새벽 기상과 운동, 공부로 이어지는 루틴을 도전해 봐야겠다고 다짐했다.

일단 새벽 5시에 눈을 뜨는 일은 정말 힘든 일이었지만, 하루의 첫 번째 계획을 성공했다는 기쁨은 참 달콤했다. 그리고 바로 운동을 시작했다. 평소에 안 쓰던 몸을 새벽부터 움직이려니 여간 힘든 일이 아니었다. 하지만 힙걸이 되려면 새벽 운동과 샤워, 채소 주스는 필수다. 이렇게 지친 몸을 이끌고 출근을 한다. 피곤에 가득 찬 몸과 머리는 오전 내내 나의 마음대로 움직여지지 않는다. 집중을 필요로 하는 일들에 온전히 몰입하지 못한다. 그리고 이어지는 야근과 늦은 퇴근. 이 생활패턴이 일주일 반복되었고, 필자는 의도치 않은 갓생을 살았다.

좋은 습관 만들기는 허상이 아니다!

그렇다면, 좋은 습관 만들기는 과연 허상일까? 그렇지 않다. 성공적인 삶은 하루아침에 이루어지지 않는다. 작은 선택들이 모여 거대한 결과를 만들어내듯, 우리의 습관 역시 그 결과를 좌우하는 중요한 요소다. 여성 리더십을 발휘하며 성장해 나가는 과정에서 '습관'은 자신만의 길을 개척하는 핵심 도구가 된다. 시간이 지남에 따라 막내에서 선배가 되고, 누군가에게 영향력을 미치는 리더십 발현이 필요해졌을 때, 스스로에게 가장 먼저 한 질문은 "어떻게 나만의 리더십 스타일을 구축할 것인가?"였다. 그 답은 단순했다. 리더십은 단순한 성격이나 직책이 아니라, 내가 매일 실천하는 행동, 즉 습관의 총합이라는 것이다. 우리는 누구나 자신의 삶을 조정하고 통제할 수 있는 힘을 가지고 있다. 이 힘을 활용해 습관을 형성하면, 어느 순간 그 습관이 자신의 리더십을 만들고, 그 리더십이 스스로를 이끈다. 다만 타인의 생활 습관 및 스타일을 무조건 따라 하는 것은 주의할 필요가 있다. 습관은 개인의 스타일, 성격, 행동 등을 나타내는 만큼 자신에게 딱 맞고 편해야 한다. 더불어 작심삼일이 아니라 꾸준한 실천으로 완벽하게 내재화될 수 있어야 한다. 그래서 남들이 말하는 '갓생'에 사로잡혀 나와 맞지 않는 습관을 붙잡고 좌절할 필요는 없다. 좋은 습관은 정답이 있는 법칙이 아니다. 먼저, 자신의 강점과 약점을 명확히 파악하는 것이 중요하다.

필자는 약점을 보완하기 위한 습관을 만들기 시작했다. 평소 아침잠이 많고, 충분한 휴식을 통한 충전이 필요한 사람이다. 또한 저녁 시간에 집중력이 높다는 특성이 있다. 그래서 아침형 인간이 되기 위한 새벽 기상을 포기했다. 충분한 출근 준비, 간단한 아침 식사를 할 수 있는 여유 시간 확보에 만족했다. 그리고 조금 이르게 출근해서 업무 일과, 개인 학업 계획,

개인 중요 스케줄 등을 정리했다. 아침 시간에 과한 에너지를 쏟지 않았기 때문에 하루가 버겁지 않았고, 알찬 시간을 보낼 수 있었다. 그리고 고도의 집중을 요하는 학업 및 개인 일과는 저녁 시간으로 배치했다. 그리고 주말 새벽에는 달리기를 했다. 주말이라고 늦잠을 자지 않기 위해 노력했고, 기상 시간이 일정하니 월요병도 이겨낼 수 있었다. 이처럼 사람마다 에너지를 낼 수 있는 방법은 다르다. 먼저 자신에 대한 이해를 통해 스스로에게 가장 잘 맞는 건강한 습관을 만드는 것이 필요하다. 습관은 작지만 강력하다. 이를 통해 우리는 매일 조금씩 더 나은 자신이 될 수 있다. 여성이 리더십을 발휘하는 데 있어서 가장 중요한 것은 자신을 믿고, 개인에게 맞는 습관을 만드는 것이다. 그 작은 변화들이 모여 거대한 성공을 이끌어낼 것이다.

더불어, 나에 대한 이해만큼 중요한 것은 자신에게 맞는 리듬을 찾는 것이다. 현대 사회는 속도를 강조하지만, 모든 사람이 같은 속도로 일할 필요는 없다. 나는 성과를 내는 것이 중요하지만, 내 리듬에 맞지 않는 습관을 억지로 만들기보다는 자신만의 자연스러운 흐름을 존중하는 것이 더 중요하다는 것을 깨달았다. 이는 특히 여성 리더들에게 중요한 부분이다. 우리는 종종 스스로에게 맞지 않는 습관을 따르라는 압박을 받지만, 그보다는 자신에게 맞는 방식으로 리더십을 발휘했을 때 진정한 성공을 이끌어낼 수 있다.

성공한 리더들은 어떤 습관을 가지고 있었을까?

자신에게 맞는 습관을 통해 성공을 이루어 낸 다양한 여성 리더들이 있다. 여성 리더들이 각자의 방식으로 습관을 형성하고 그 힘을 활용하여 변화를 이끌어냈다. 그중 몇몇 유명한 여성 리더들의 사례를 살펴보며, 그들이 어떻게 습관을 통해 자신만의 리더십을 구축했는지 알아보자.

미국 최초의 여성 국무장관인 마들렌 올브라이트는 매일 아침 5시 30분에 일어나 뉴욕 타임스와 워싱턴 포스트 같은 주요 신문들을 꼼꼼히 읽는 습관을 유지했다. 그녀는 이러한 습관이 국제 정치의 흐름을 이해하고, 복잡한 문제를 분석하는 데 큰 도움이 되었다고 강조했다. 특히 올브라이트는 '정보가 곧 힘'이라고 믿었고, 매일같이 세계정세를 파악하며 그날의 결정에 필요한 인사이트를 얻었다. 그녀는 이 습관이 자신의 결정력과 분석력을 강화시키는 데 큰 도움이 되었다고 회고했다. 꾸준한 정보 습득이 그녀의 리더십을 이끈 중요한 요소였다.

세계적인 방송인 오프라 윈프리는 일찍이 명상과 감사 일기를 쓰는 습관을 통해 자신의 감정과 마음을 다스렸다. 오프라는 매일 아침 명상으로 하루를 시작하고, 잠들기 전에는 그날의 감사한 순간들을 일기에 기록했다. 그녀는 일상 속에서 작은 감사의 순간들을 기록하면서 내면의 힘을 키웠고, 이 습관이 그녀가 어려운 상황에서도 흔들리지 않고 성장할 수 있는 비결이었다고 말했다.

독일의 전 총리 앙겔라 메르켈은 꾸준한 학습과 자기 계발 습관을 통해 오랫동안 국가를 이끌어왔다. 그녀는 항상 새로운 정보를 습득하고, 변화하는 사회와 경제적 환경에 맞춰 자신의 지식을 업데이트했다. 메르켈은 주로 저녁 시간을 활용해 읽고, 분석하고, 미래를 준비하는 데 집중했다. 이러한 꾸준함은 독일의 정치적 안정과 성장에 큰 기여를 했다. 그녀는 "리더십은 꾸준함에서 비롯된다"는 철학을 강조하며, 꾸준한 노력과 학습이 자신의 리더십 스타일을 형성하는 핵심 요소라고 말했다.

전 펩시콜라 CEO 인디라 누이는 체력과 정신력을 관리하는 습관을 리더십의 중요한 요소로 생각했다. 그녀는 매일 새벽 4시에 일어나 운동하며 체력을 단련하는 시간을 가졌고, 이른 아침부터 중요한 회의와 결정을 내리기 위한 에너지를 충전했다. 체력 단련을 통해 일상의 스트레스를 관리했고, 긴장된 상황에서도 침착하게 문제를 해결하는 데 도움을 받았다. 누이는 "리더는 자기관리에 충실해야 다른 사람들도 잘 이끌 수 있다"고 말하며, 리더로서의 지속적인 성장과 성공을 위해 자기 관리를 강조했다.

이들의 공통점은 단순히 뛰어난 능력만이 아니라, 자신에게 맞는 방식을 찾아 습관으로 만들고 꾸준히 실천해 왔다는 것이다. 이들은 일상 속 작은 행동들을 통해 거대한 변화를 만들어냈으며, 그 과정에서 얻은 자신감과 통찰력은 리더로서 그들의 영향력을 확대시켰다.

이렇듯 다양한 여성 리더들은 자신만의 습관을 통해 사회적 성공을 이루었다. 그들의 습관은 단순한 일상의 반복이 아니라, 성공의 중요한 발판이었다. 그들은 자신의 리듬과 성격에 맞는 습관을 만들어 꾸준히 실천하며 리더십을 강화했고,

이를 통해 변화와 혁신을 이끌어냈다. 이들의 이야기는 오늘날 여성 리더들이 스스로에게 맞는 습관을 찾고, 이를 통해 성장해 나가는 데 큰 영감을 줄 수 있다. 습관은 축적의 힘이다. 리더가 되기위한 당신만의 성공 습관을 지금부터 만들어 보자.

2.

실패를 축하합니다

유미선

"실패하는 것이 두려워요 강사님!"

학교 강의에서 아이들과 만나 대화하다 보면 자주 접하게
되는 질문 중 하나이다. 무언가 열심히 하지 못하고 우물쭈물
하는 친구들을 보면서 무엇이 문제일까 오랜 시간 고민해 왔다.

요즘 아이들은 어린이집에서부터 경쟁이 시작된다고들 말
한다. 우스갯소리 같지만 필자 역시 아이를 처음 어린이집에 보
내기 시작했을 때 아니 그 이전부터 이미 경쟁을 시작했던 것
같다. 이제 겨우 3개월 된 아이들을 나란히 뉘어놓고는 누가
키가 크네 얼굴이 작네, 돌잡이가 가까이 오면서는 누가 걸었
네 아직 말을 못 하네. 정말 수많은 비교 속에서 우리 아이의

성장 속도에 민감해했던 것 같다. 한글을 떼던 순간에도, 처음 숫자를 가르쳐 주던 순간에도 끊임없이 우리 아이가 남들보다 잘했으면 하는 마음이 나도 모르게 생겼던 것 같다.

비단, 많은 부모들이 그러할 것이다. 이러한 부모의 기대와 강박 아래 자라온 아이들은 무언가 도전하거나 시도해 보는 것조차 어려워한다. 더구나 실패하거나 실수했을 때 부모에게 지적받거나 혼났던 경험이 있는 친구들은 더더욱 회피의 모습을 보인다. 그 친구들에게 강사로서 내가 해줄 수 있는 영향력은 무엇일까?

"실패하면 너무 좋지! 아이들아, 우리는 지금 실패를 많이 해야 해. 무언가를 노력해서 잘 안되는 순간의 감정을 많이 경험해 봐야 해. 왜냐하면, 앞으로도 너희들은 계속 실패할 거니까! 나이가 들어도 내 앞에 어려운 일들은 계속 생겨, 근데 어른이 되었을 때 하는 도전과 실패는 꽤 중요한 일이겠지? 그때 무너지지 않고 한 발짝 더 나아갈 수 있는 어른이 되려면 지금 연습을 많이 해 봐야 해~ 첫 번째, 열심히 힘닿는 데까지 노력해 보기 두 번째, 그렇게 노력했는데 실패했을 때의 감정을 느껴보기 세 번째, 그 감정을 스스로 통제하는 연습하기, 감정은 어떻게 통제하냐고? 그건 지금부터 이야기해 줄게 잘 들어봐~"

수 많은 여성들에게 학생들을 대하는 똑같은 마음으로 이야기해 주고 싶다. 실패하기가 두려워 아무것도 시도하지 않고 있는 것은 아닌지, 실패를 루저(loser) 또는 해서는 안 되는 개념으로 바라보고 있는 것은 아닌지, 결국, 실패라는 단어를 어떤 관점으로 바라보는지에 따라 달라질 것이라 생각한다. 실패를 다르게 바라볼 수 있는 사례를 소개해 보겠다.

성장을 위해 반드시 필요한 순간

새우, 게, 가재 등 갑각류는 어떻게 몸이 커지는 걸까? 굉장히 원초적인 질문을 떠올렸던 적이 있다. 갑각류는 단단한 껍질을 가지고 있어 몸을 키우기 위해 주기적으로 껍질을 벗는 탈피를 한다. 탈피 전에는 새로운 껍질을 만들고 칼슘을 비축하며 에너지를 저장한다. 탈피 과정은 기존 껍질과 분리되고, 몸을 부풀려 껍질 밖으로 나와 새로운 껍질을 굳히는 순서로 이루어진다. 탈피 후 몸이 커지고 손상된 부분이 재생되지만 부드러운 새 껍질 때문에 포식자에게 취약해진다. 탈피는 갑각류의 성장과 생존에 필수적인 과정이며, 이를 통해 갑각류는 환경 변화에도 적응할 수 있게 된다.

호텔리어 시절, 호텔전공 출신 동기들에 비해 기본 지식이나 기술, 여러 면에서 상대적으로 뒤처졌다. 경험 삼아 아무것도 모르고 들어간 곳에서 결국 진심으로 일하게 되었는데 그 배경에는 수많은 쪽팔림이 있었던 것 같다. 실수의 연속이었고, 언제나 뽀얗고 예민한 살갗이 드러난 것처럼 불안정한 시기가 계속되었다. 상대적으로 위축되기도 하고 스스로 너무 멍청한 것 같다는 생각이 들기도 했다. 실수할 때마다 주변 사람들의 비웃는 표정이나 소리가 들리는 듯했고 매일매일 창피한 순간들을 경험했다. 그럴 때마다 되뇌었던 말이 있었다.

"자기들은 처음부터 잘했나 뭐~ 다들 처음엔 모르지~ 괜찮아 오늘도 하나 알았잖아! 오케이 됐어. 패스!"

이같은 자기합리화 생각들은 그 수치스러운 감정에서 빨리 벗어날 수 있게 도와주었고, 시간이 지날수록 실수의 횟수는 줄어들었고 어느새 업장과 하나가 되어 자연스럽게 능수능란해진 나의 모습을 마주하게 되었다. 남들이 하지 않는 사소하고 하찮은 실수들은 모두 나의 자산이 되었고, 이후 후배들이

들어와 어떤 사고를 치더라도 덤덤하게 모든 사고를 수습해 줄 수 있는 든든한 선배가 되었다.

몸을 키우기 위해 갑각류들은 가장 뽀얗고 여리고 예민한 살갗을 드러내게 된다. 그래야지만 몸이 더 커지게 되는 것이다. 사람이 성장한다는 것은 똑같은 원리가 아닐까? 무언가 실패하거나 좌절하게 되는 순간, 하늘이 무너지고 한없이 무기력해지는 순간, 세상 우울감을 내가 다 끌어안는 것 같은 그런 순간 즉, 자신의 내면의 가장 여리고 예민한 부분이 드러나는 순간 그 순간을 잘 이겨내면 우리는 한 단계 성장하게 되어있다. 이전보다 나은 지혜를 얻게 되고, 이전보다 더 단단한 마음을 얻게 된다. 감정에 매몰되지 말고 무엇이 실패의 원인이었고, 그것을 다시 반복하지 않으려면 어떤 노력을 해야 할지 객관적으로 실패를 들여다보는 이성적 생각 메커니즘을 작동시켜 보자. 반드시, 그것이 무엇이든, 크기가 어떻든, 우리는 이전과 다른 나의 모습을 직면하게 될 것이다. 그것이 실패를 통한 성장의 힘이다.

갑자기 성공하는 것은 없다. 성장하는 과정에서 성공한다.

김연아 선수를 보고 있노라면, 필자보다 한참 어리지만, 사람으로서, 여성으로서 본받고 싶어진다. 그저 세계 최고여서 아름다운 외적 모습을 갖추고 있어서가 이유는 아니다. 그녀가 성장해 온 과정을 알기에 그녀에 대한 존경심이 생긴다. 특히 실패요인을 집요하리만큼 마주하고 끈기 있게 노력하는 모습이 회피 본능이 높은 필자에게 많은 깨달음을 준다.

제대로 성장하기 위해서는 자신을 제대로 들여다보는 것이 중요하다. 실패한 상황에서 자신의 어떤 부분이 부족했는지 명확하게 분석해야 효율성 있게 자신의 노력을 기울일 수 있다. 성과나 성장이 없는 노력의 기여는 무기력을 느끼게 한다. 따라서 어떤 노력을 하더라도 현재 자신의 상황을 정확히 파악하는 노력이 필요하다. 김연아 선수가 세계 최고가 되기까지 그녀가 빙판에 넘어진 횟수만 세기 힘들 것이다. 수많은 실패와 좌절 속에서 지치거나 회피하기보다 더 면밀히 더 세부적으로 자신을 직면하고 효능감을 느끼는 순간을 맞이하게 된다.

베이징올림픽 당시, 지켜보는 사람들이 손에 땀을 쥘 정도로 떨리고 긴장되는 순간에도 평정심을 유지하는 김연아 선수의 경기 전 모습을 보며 저 강인한 멘탈의 정체는 무엇일까 생각해보았다. 탄탄하게 쌓아온 실패경험과 끈기 있게 노력한 물리적인 연습시간이 그녀를 그 순간에도 덤덤할 수 있도록 해준 것이라 생각한다.

결국 반복된 경험이 중요한 것이다. 단, 실패 후의 성찰은 필수요건이다. 김연아 선수처럼 자신의 실패의 원인이 무엇인지를 객관적으로 분석하고 어떤 것을 보완할 것인지 전략을 세워 핀셋으로 노력했을 때 비로소 한 단계 도약하는 성장의 순간을 맛보게 된다. 반복된 경험은 적극적인 도전과 행동이 수반된 결과이다. 실패하는 것이 두려워 지금 이 순간에도 고민만 하고 있다면 실패의 순간을 자신의 성장 모멘텀으로 기꺼이 받아들이는 관점이 필요하다.

실패를 끝으로 보느냐, 새로운 시작으로 보느냐에 따라 인생의 방향이 달라진다. NASA는 이러한 점을 잘 알고 있다. 실패한 담당자를 자르는 대신, 그들이 문제에 대해 가장 깊이 이해하고 있을 것이라고 판단한다. 실패는 단순한 실패가 아니라, 더 나아가기 위한 소중한 경험이라고 여기는 것이다. NASA

는 실패한 담당자에게 "당신은 실패한 것이 아니라, 문제를 해결할 수 있는 사람"이라고 격려하며, 그들에게 성장의 기회를 제공한다.

평범한 사람들은 실패를 두려워하고 포기하지만, 성공하는 사람들은 실패를 발판 삼아 더 높이 도약한다. 끊임없는 도전과 실패를 거듭하며 성장하는 것이야말로 성공의 지름길이다.

그리스 신화 속 영웅 헥토르는 자신보다 훨씬 강한 상대를 맞아도 결코 뒷걸음질 치지 않았다. 그는 "두려움을 느끼더라도 도전을 시작했으면 끝까지 해야 한다"며 용기를 북돋았다. 헥토르의 말처럼, 우리는 불가능해 보이는 목표라도 두려워하지 말고 도전해야 한다. 실패하더라도 소중한 경험을 얻을 수 있고, 성공할 경우 더 큰 성장을 이룰 수 있을 것이다.

실패와 동행하며 살아가는 방법

실패는 결과가 아니라 과정이다. 실패라는 과정이 있어야 성장으로 나아갈 수 있고, 그 성장은 자신에게 더 큰 의미와 가치를 부여해 줄 것이다. 다양한 외부환경과 낮은 자존감으로 실패하기 싫어 도전하지 않고 우물쭈물하게 만들 것이다. 문제는 '그래서 계속 그러할 것인가'이다.

　실패 경험과 동행하기 위한 방법 첫 번째는 '실패에 대한 재정의'이다. 어떠한 관점으로 실패를 마주하느냐에 따라 행동의 적극성이 달라질 수 있기 때문이다. 자신이 생각하는 실패의 정의를 세워보자. 실패를 또 다른 이름으로 바꾸어 명명해 보는 것도 좋은 방법이 될 것이다. 그로인하여 실패할까봐 아무것도 시도하지 않는 도전을 머뭇거리는 것에 용기를 내어보자.

　두 번째는 객관적이지만 낙관적인 성찰이다. 쪽팔리는 감정에서 빠르게 헤어 나올 수 있는 가장 쉬운 방법은 '왜'를 떠올리는 것이다.

　'근데 왜 이렇게 된 거지? 뭐가 문제였지?'

　감정에 매몰되는 것이 아닌 이성적인 두뇌를 가동시키는 것이다. 자신을 조금 거리를 두고 객관적으로 바라본 후 그 문제의 원인을 규명하는 것으로 감정에서 헤어 나오는 것이다. 그 다음은 그 경험을 통해 내가 얻게 된 새로운 인사이트를 의도적으로 정리해보는 것이다. 이것이 성찰의 가장 효과적인 방법이다. 객관적으로 문제를 파악하고 낙관적으로 받아들이는 것. 이로써 실패 경험을 오히려 반갑게 맞이하게 될 것이다.

초뷰카 시대를 살아가고 있는 우리는 앞으로도 수많은 변수와 문제를 직면하게 될 것이다. 예측하기 어려운 시대를 살아간다는 것은 많은 용기가 필요하다. 선택의 순간이 되었을 때 좀 더 자신 있게 자신의 선택을 스스로 믿고 힘차게 앞으로 나아가고 싶다면 물리적인 실패의 경험이 반드시 필요하다. 주저하지 말고, 그저 해보길 바란다. 그것이 무엇이든, 그리고 실패했다면 반갑게 자신의 성장을 마주하게 될 것이다.

3.

당신에게 숨겨진 잠재력을 발견하라

변지민

"그러면 당신의 강점은 무엇인가요?"

면접이나 자기 계발 과정에서 우리는 이런 질문을 수없이 들어왔다. 필자는 이런 질문을 듣게 되면 '저는 다른 사람과 좀 다른 시각에서 사물이나 사건을 바라보는 창의력 있는 발상이 저의 강점입니다.'라고 대답하지만, 그와 동시에 머리 뒤편 어딘가에서는 '그게 정말 나의 강점일까?'하는 의구심을 가진다. 세상에서 자기가 자기 자신에 대해 이야기하는 것이 어쩌면 제일 쉽고 간단한 이야기일 텐데 내가 머뭇거렸던 이유는 '강점'이라는 말에서 파생된 여러 가지 생각 때문이다.

'강점'이라는 것이 그 단어가 가지고 있는 의미처럼 내가 '잘하거나 뛰어난 것'으로 만으로 해석되지 않기 때문이다. 마치 강점을 손꼽으라고 하면 다른 사람보다 우위에 있는 그 어떤 능력을 말해야 할 것 같은 생각에 나를 돌아보며 생각한 나의 강점이 타인과 비교할 때 우월하다는 확신이 없는 탓에 주눅이 들어 마음이 살짝 요동칠 때가 있다. 그뿐이 아니다. 때로는 나의 강점이라고 생각했던 부분이 지금에 와서 생각해 보면 이게 과연 장점인가? 하는 생각을 가질 때도 있다.

한 사람이 가지고 있는 성격이나 기질은 타고난 유전이나, 환경에 의한 반응으로 습득되어 그 사람을 만든다. 그리고 어떤 자극이 왔을 때 자신이 습득한 방법대로 대처해 나간다. 그리고 그렇게 반응하여 문제를 해결하거나 성과를 이루었다고 스스로 인식하여 강화되면 우리는 그 점을 강점으로 인식하게 된다. 그렇다면 내가 인식하고 있지 못한 나의 강점도 있는 것일까?

적재적소에 발휘된 성향이 강점을 만든다.

나는 주어진 일을 후딱 해버리지 못한다. 그래서 나를 보고 사람들은 느려서 답답해하거나 도대체 뭘 믿고 저렇게 여유인가? 라고 이야기를 듣는다.

학생 때 방을 청소하는 데 나는 몇 시간이 걸리는 청소가 언니는 10분이면 충분했다. 무슨 차이일까? 방이라고 해야 운동장같이 넓은 것도 아닌데 내가 시간이 걸리는 이유는 이불 정리와 쓸고, 닦는 일만 하지 않기 때문이다. 요일별로 책상 서랍이나 옷장 서랍을 정리하거나 창문을 닦기도 하고, 창틀을 닦기도 하고, 가구도 닦았다. 꼼지락거리고 일의 성과를 빨리 내지 못하는 것은 당시 어른들의 표현으로는 내 신세를 볶는 일이었고 능률적이지 않았다. 그렇지만 손쉽게 청소하려고 어지러운 물건들을 안 보이는 곳에 넣어 두거나, 보이는 곳만 청소하는 것은 내 스타일이 아니었다. 깨끗하게 청소하면 쾌적한 방을 보면서 기분도 좋지만, 물건이 어디에 있는지 알고 효율적으로 생활할 수 있고, 손쉬운 곳의 청소만 하다가 한꺼번에 대청소하는 것이 더 힘들다고 생각하는 나름의 철학을 가지고 있었다. 청소는 남에게 보여주려고 하는 것이 아니라 내가 얻는 만족 때문에 하는 것으로 생각해 청소가 수고롭다고 생각지 않았고, 힘들지도 않았다. 하지만 청소를 빨리해 내지 못하는 나는 어딘가 늘 부족해 보였다.

세월이 흘러 필자는 미술 분야와 미술 심리 등 여러 분야에서 프리랜서로 활동하고 있다. 서두르지 않고, 결과보다는 과정을 중요시하는 필자의 성향이 아이러니하게도 앞에서 유·아동의 미술교육이나 미술치료의 활동을 하면서 필자를 빛내는 강점이 되었다.

물론 시행착오도 있었다. 미술교육원과 미술 방문 교육의 지사를 운영하던 과거에 수업의 결과물에 집착하던 때도 있다. 수업하고 나서, 그 결과물이 멋지게 보이도록 아이들도 부모님들도 만족시켜야 했고, 그 영향이 나의 수입과 직결되기 때문이다. 그 당시 교육을 통해 아이의 미술 분야의 성장보다 보이는 결과물에 신경을 쓰거나 아이들의 흥미를 유발하기 위해 신기하거나 흥미로운 교육 방법에 마음을 기울이던 때도 있었다. 그러나 이런 교육 방법은 나에게 회의를 느끼게 했다. 미술교육의 본질에 대해 고민하게 되면서 보이는 결과물에 집착하지 않겠다고 결심하게 되었고 진정성 있는 교육을 위한 교육 과정에 충실하겠다고 다짐했다. 그리고 충실한 교육 과정을 중요하게 생각하는 수업이 시간은 걸렸지만 좋은 결과물을 만들어내는 수업으로 이어질 수 있었다. 여유로운 수업은 조작 능력이 부족한 유·아동이 창의력과 표현능력을 키우는 데 도움이 되었다. 결과보다는 무엇을, 어떻게, 왜 가르치고자 하는지에 대해 고민하고 교육 과정을 중요하게 생각했다. 나의 수업에 대해 '선생님은 다른 선생님과 달리 아이들에게 무엇인가 여러 가지를 경험하게 하고 직접 해보도록 하시는 의도가 보여 감사해요, 선생님이 덕에 아이들은 좋은 경험 하고 있어요.' 하는 인사를 받으며 천천히 서두르지 않은 필자의 여유로움이 강점이 되어 있음을 느낀다.

누구나 강점과 약점을 가지고 있다. 그러나 강점과 약점은 종이 한 장 차이이다. 절약하는 습관은 강점이고 미덕이다. 하지만 상황에 맞지 않거나 도를 넘어 구두쇠 스크루지 영감이나 자린고비 영감이 되는 것처럼 자신의 강점도 어디에서 어떻게 쓰는가의 강약의 완급이 조절되어야 한다. 약점이 적절한 상황에서 강점이 되듯이 적재적소에 적절한 에너지로 발휘되지 않은 강점은 약점이 된다는 것도 알아야 한다.

자신이 약점이라고 인식하는 것은 자신의 성향, 기질을 적재적소에서 발휘하지 못했기 때문에 약점인 것이다. 이러한 관점에서 본다면 약점도 약점이기만 할까? 라는 생각을 하게 된다. 어쩌면 내가 생각하고 있는 약점은 내가 언제 어디에서 꺼

내서 써야 하는지 알지 못해 엉뚱한 상황에 꺼낸 귀한 보석인지 모른다. 나의 숨겨진 강점을 재발견하는 것은 내가 약점이라고 인식하고 있는 그 무엇을 언제 어디서 어떻게 발휘해야 하는지를 아는 현명함을 가지는 것이다. 우리는 자신의 약점이라고 생각한 것을 강점이 되도록 요긴하게 꺼내 쓸 수 있는 새로운 시각을 가져야 한다.

굳이 타인 앞에 펼치고 싶지 않은 약점은 누구에게나 있다. 그런 약점이 강점이 어떻게 강점이 될 수 있다는 것일까? 자신의 약점을 적재적소에 유머와 함께 풀어냄으로써 청중에게 진솔함으로 다가가는 예로 김창옥 토크가 떠오른다. 꾸미지 않은 날 것 같은 가족의 에피소드는 청자에게 진솔함으로 전달되면서 청자의 마음을 움직이는 힘이 그의 토크 콘서트의 강점이다. 그가 '제가 아는 집에서 있었던 일인데~' 하면서 같은 에피소드를 이야기했다면 어땠을까? 아마도 그의 생생한 경험에서 나오는 설득력은 힘을 잃었을 것을 우리는 모두 짐작할 수 있다. 일본 전자제품 회사 파나소닉(Panasonic)의 창업자 마쓰시타 고노스케는 가난하고, 허약하게 태어난 체질, 배우지 못한 자신의 결점을 보완하기 위해서 끊임없이 노력하는 과정에서 약점을 보완하며 강점이 되었다고 스스로 이야기하는 것처럼 약점이 강점이 되는 예는 많다.

지금 자신이 처한 문제를 헤쳐 나가기 위해서는 다방면의 경험이 아니라, 자신이 처한 문제를 처리할 수 있는 성향을 발휘하고 있는지를 인식하고 체크하는 자기검열의 힘이 필요하다. 문제해결을 위한 강점을 갈구하며 우리는 막연히 타인의 강점을 부러워하고 있는 것은 아닐까? 때로는 작은 벽을 넘지 못하고, 자기 삶 전체가 잘못된 삶처럼 '이번 생은 망했어.' 하는 오류를 벗어나 약점이라고 생각한 자신의 성향과 기질을 적재적소에 펼쳐 강점화할 수 있어야 한다. 그것이 나를 만든다.

패러다임을 전환으로 강점을 키워라

나는 '나'이다.

쉽사리 나의 기질과 나의 성향이 변화되지는 않는다. 하지만 우리는 공동체 안에서 삶을 영위하기 위해 규칙, 예절, 문화를 배우고 사회화가 되면서 나의 기질, 나의 성향과 다른 나의 모습으로도 살아간다. 혹여 '사람 많이 변했어.' '예전 같지 않고, 달라졌어.'라는 말을 들을 만큼 변했다. 해서 나에게서 예전의 성향이나 기질이 없어진 것은 아니다. 더욱이 나의 '개성'과

'나다움'이 없어지는 것도 아니다. 단지 내 개성이나 기질, 성향과 상관없이 나의 부족한 부분을 보완하고 채워 나가며 성숙하게 변화되는 것이다.

성숙한 내가 되기 위해서 우리는 흔히 자신의 미진한 면을 보완하고 새로운 내가 되기 위해서 결심한다. 게으름뱅이가 '난 이제부터 일을 미루지 않고 그때그때 하는 부지런한 사람이 될 거야.'라고 결심하거나 지각 대장이 '정말로 시간약속에 늦지 않는 사람이 되어야겠어.'하고 다짐한다. 이렇게 우리는 흔히 자신이 자신의 약점을 무력화시키고 강점을 만들기 위해서 반대말의 어휘를 떠올리며, 지금의 내가 아닌 반대 성향을 보이는 내가 되고야 말겠다고 결심하고 또 결심한다. 필자가 이야기하는 패러다임은 이런 반대의 성향으로 전환하는 패러다임의 전환을 의미하는 것이 아니다. 우리는 결심이 실행으로 옮겨지지 않으면 '결심'이 굳건하지 않았다고 생각한다. 또는 결심한 행동이 이행되지 않으면 내가 너무 나약한 의지를 가진 것이 아닐까 하는 생각에 마음이 구겨지는 경험을 한다. 이렇게 자신의 계획과 결심이 어그러짐을 반복하게 되면 어느 순간 나의 자존감마저 무너져 내려 버린 것을 느낄 때가 있다. 이러한 방법은 오히려 스스로를 나쁘게 낙인찍는 일이다.

필자가 말하는 패러다임의 전환이란 자신에게 없던 강점을 키우고 성장하는 사람들이 자신의 문제행동이나 어려운 상황을 바라보고 해결 방법은 다르다는 것을 의미한다. 할 일을 미루는 내가 변하려면 '책임감'의 중요성을 깨달아야 게으름을 떨쳐버릴 수 있게 되고, 약속 시간에 늦는 나의 모습에서 탈피하려면 10분 일찍부터 준비해야지 하는 마음보다 '타인과의 관계의 중요성'이나 '약속 시간을 지키는 것이 나에게 어떤 결과가 영향력을 갖게 되는지'를 깨닫는다면 약속 시간을 소중하게 여기는 사람이 되면서 어느덧 나는 늦지 않는 사람이 된다. 문제의 행동을 고치지 않으면 어떻게 되는지, 자신이 문제의 행동을 고쳤을 때 얻을 수 있는 이점을 깨닫고 자신이 세상을 대하는 삶의 태도를 바꾸는 것이 패러다임의 전환을 통해 약점을 강점화하는 방법인 것이다.

나에게 없던 강점을 만드는 것은 쉽지 않다. 그렇다고 타고난 성향과 기질, 강점으로 모든 일에 하나의 반응으로 대처하는 것도 좋은 방법은 아니다. 문제의 상황에서 내가 어떻게 하는 것이 좋은 결과를 가져올 수 있는지를 생각하고 자신에게 내재된 다양한 성향, 기질, 재능 등이 뒤죽박죽 섞여 있는 나의 비밀 서랍을 열어야 한다. 그리고 문제를 해결하기 위한 패러다임을 장착하고, 나에게 있지만 내가 한 번도 활용하지 못했던 힘을 끌어올려서 내가 왜 그 일을 하지 않으면 안되는지, 내가 왜 그 결심을 하게 되었는지 그 근원을 잊지 않는 것이 나의 내재한 강점을 활용하는 방법인 것이다.

잠재력 발견과 그 성취를 위한 TIP

첫째, 내가 성취하고 싶은 강점이 무엇인지를 명확하게 규정해 보자. 자신이 문제의 상황을 컨트롤하기 위해서 어떤 내가 되고 싶은지를 문장으로 표현하는 것이 시작이다. 언제, 어디서, 무엇을 어떻게 하고 싶은지 적어보자.

두 번째, 무엇을 어떻게 변화시켜야 하는가를 계획하자. 약점으로 인식한 성향을 어떤 상황에서 발휘할 때 강점이 되거나 약점이 되는지 의식화하고 변화의 방향을 모색하여야 한다.

세 번째, 패러다임의 전환으로 강점화하려는 이유가 무엇인지를 명확히 인지하자. 사람은 쉽게 변화되지 않는다. 강점을 일으키기 위한 변화를 일주일, 한 달 했다고 변하는 것이 아니다. 때로 지칠 때가 있고, 문득 노력이 중단되어 있음을 깨달을 때도 있다. 그러나 약점을 강점으로 발휘하려던 초심의 명확한 이유는 변화를 지속하는 힘이 된다.

쿼럼 점프를 이끄는 성공 마인드

이수정

늘 더 나은 강사가 되기 위해 다양한 공부와 자기 계발에 매진해 왔다. 수강생들이 '정말 알고 싶어 하는 것'을 제대로 전달하는 것, 그것이 바로 강사인 내가 해야 할 가장 중요한 일이라고 믿었기 때문이다. 그런데 한 번 돌아보니, 필자는 온통 '알면 좋은 내용(NICE TO KNOW)'에만 몰두하고 있었다. 매력적인 정보도 많고 쓸모 있어 보이는 지식도 널려 있었지만, 정작 수강생들이 '필요한 내용(NEED TO KNOW)'을 얻어갈 수 있도록 도와주지는 못했던 것이다.

이 작은 깨달음, 즉 '알면 좋은 내용'에서 '필요한 내용'으로 초점을 옮기는 생각의 전환은 필자에게 퀀텀 점프(Quantum Jump)의 결정적 계기가 되었다. 퀀텀 점프란, 단순히 조금씩 나아지는 정도가 아니라, 기존의 한계를 단숨에 뛰어넘는 근본적 도약을 뜻한다. 하지만 이런 도약은 결코 저절로 이루어지지 않는다. 필자 역시 중요한 선택의 기로에서 수없이 망설였고, 불확실성을 두려워했다.

혹시 지금, 중요한 결정을 앞두고 망설이고 있지 않은가? 20~30대의 고민 가득한 시기에, 더 높은 학위를 생각하거나 새로운 기술을 배우고 싶지만 "이게 정말 나에게 필요한 것일까?" 하고 주저하고 있다면, 필자의 경험이 작게나마 용기를 줄 수 있으리라 믿는다. 필자 또한 같은 고민을 했었고, 그때 내린 결단이 대학원 진학이었다. 이는 필자의 커리어와 삶 전체를 폭발적으로 성장시키는 변곡점이 되었다. 그 변화는 단발성이 아닌, 앞으로 계속해서 나를 밀고 나갈 강력한 발판이 되었다.

이 장에서는 필자가 직접 겪은 마인드 전환과 퀀텀 점프의 과정을 토대로, 당신이 자신의 잠재력을 최대치로 끌어올릴 수 있는 방법을 제안하고자 한다. 배움의 초점을 명확히 하고, 더욱 실질적인 전략을 세워보자. 망설임은 확신으로, 막연한 갈등은 명확한 목표로 바뀌어야 한다. 진짜 필요한 것에 집중하는 순간, 당신 역시 퀀텀 점프를 통해 새로운 차원으로 도약할 수 있을 것이다.

마지막 기회는 없었다.

사회생활을 하다 보면 종종 "지금 아니면 기회가 없다"는 말을 접하게 된다. 승진의 갈림길, 새로운 프로젝트를 맡을지에 대한 고민, 자기 계발을 위한 학습의 시도, 이 모든 순간들이 마치 마지막 배팅처럼 느껴질 때가 있다. 그럴 때면 '지금 당장 무언가를 하지 않으면 영원히 뒤처질지 모른다'는 불안감에 사로잡히기 쉽다. 필자 또한 이런 압박 속에서 수없이 흔들렸다.

하지만 뒤돌아보면, 진정한 퀀텀 점프(Quantum Jump)를 이끌어낸 원동력은 단 한 번의 기회를 잡는 데 있지 않았다. 오히려, '알면 좋은 내용(NICE TO KNOW)'과 '꼭 필요한 내용(NEED TO KNOW)'을 철저히 구분하는 것이 중요했다. 그 기준을 바탕으로 배움을 지속하며 스스로를 단련하는 과정이 더 많은 가능성을 불러왔다. 배움이란 단지 지식이나 기술을 쌓는 것에 그치지 않고, 더 넓은 시각으로 세상을 바라보고 자신을 성장시킬 수 있는 힘을 길러주는 과정이다. 배움을 멈추지 않는 한, 우리는 더 많은 기회와 더 나은 선택의 길을 마주하게 된다고 생각한다.

불안한 선택에서 도약의 발판으로

지금 눈앞에 보이는 것이 전부가 아니다. 비록 당장 성과가 드러나지 않더라도, 배움의 과정은 당신을 더욱 단단하게 만들고, 앞으로 나아갈 방향을 선명히 비춰준다. 한 걸음씩 성장하는 그 순간이야말로, 더 강한 리더로, 진정한 여성 리더로 거듭나는 시작점이 아닐까?

필자 역시 긴 시간 동안 고민에 고민을 거듭했다. '알면 좋은 내용(NICE TO KNOW)'들 속에서 자신에게 필요한 핵심(NEED TO KNOW)을 골라내는 일은 쉽지 않았다. 당시 필자가 선택했던 NTK(Need To Know)는 많은 주제들을 공부하고 독학하는 것이 아니라 대학원에서 좀 더 깊이 있는 공부를 하고 석사 학위를 취득하는 것이 필요했다. 결국 10년간 이어온 직장 생활을 정리하고, 대학원 진학을 결심했다. 당시에는 이 선택이 커리어에서 마지막 기회일지도 모른다는 불안감에 사로잡혔다. 30대에 접어들면서 누군가는 경력을 확장하고, 누군가는 가정에 집중한다고 했지만, 더 이상 공부할 여유나 리더십에 대해 깊이 고민할 기회를 잃을까 두려웠다.

공부를 썩 좋아하지 않았던 필자에게 대학원 진학은 큰 도전이었다. 하지만 막상 시작하고 보니, 예상치 못한 새로운 길이 열렸다. 조직에서 리더십이 어떻게 작동하는지, 그 인사이트가 커리어와 어떻게 연결되는지 심층적으로 탐구할 수 있는 기회가 생긴 것이다. 이 과정에서의 배움은 단순히 지식을 쌓는 데 그치지 않고, 더 나은 리더로 도약(퀀텀 점프)할 수 있는 발판이 되었다.

배움은 종종 우리가 생각하지 못한 길을 열어준다. 그때는 마지막 기회라고 생각했지만, 오히려 배움을 통해 또 다른 시작을 맞이할 수 있었다. 이 경험을 통해 배움이 단순한 단기적인 성취를 위한 수단이 아니라, 새로운 기회를 만들고, 더 나은 자신을 향해 나아가는 힘이라는 것을 깨달았다.

배움을 통해 우리는 끝없이 성장할 수 있다. 비록 한 번의 선택이 두렵고 막막할지라도, 그 선택이 우리에게 얼마나 많은 기회를 열어줄지 알 수 없다는 사실을 꼭 기억해야 한다. 결국, 필자가 내린 그 결단이 새로운 길로 이끌었듯 이 책을 읽는 당신도 배움을 통해 새로운 시작을 맞이할 수 있을 것이다.

배움을 멈추지 않는 리더: 셰릴 샌드버그의 도약

셰릴 샌드버그는 페이스북의 최고운영책임자(COO)로서, 글로벌 테크 기업에서 최고의 자리 중 하나에 올랐다. 그러나 그녀의 성공은 단번에 이루어진 것이 아니었다. 샌드버그는 꾸준히 자신을 발전시키기 위해 배움을 멈추지 않았고, 그 과정이 그녀를 더 강한 리더로 만들었다. 그녀가 강조한 것은 명확했다. "계속 앞으로 나아가라."

그녀에게 배움은 단순한 지식 습득이 아니라, 진정한 리더십을 발휘하기 위한 필수 과정이었다. 샌드버그는 그녀의 저서 Lean In에서 여성들에게도 이러한 배움의 중요성을 설파했다. 리더십은 타고나는 것이 아니라, 꾸준한 배움을 통해 형성된다는 것이 그녀의 신념이었다. 그녀는 커리어 내내 다양한 도전을 마주했지만, 그때마다 배움을 통해 새로운 전략과 해결책을 찾아냈다. 배움을 멈추지 않는 한, 우리는 언제든지 성장할 수 있다는 메시지를 전달한 것이다.

샌드버그는 고백한다. 그녀 역시 커리어를 쌓는 과정에서 두려움을 느꼈다고. 하지만 그녀가 배움의 과정을 멈추지 않았던 이유는 자신이 더 나은 리더로 성장할 수 있다는 확신 때문이었다. 그녀는 배움을 통해 더 깊이 사고하고, 문제를 다각도로 바라볼 수 있는 능력을 키웠다. 그 결과, 그녀는 페이스북과 같은 거대 기업에서 전 세계적인 변화를 이끌어 낼 수 있는 강력한 리더로 자리 잡았다.

일과 삶, 그리고 나를 춤추게 하는 배움의 힘

20~30대 여성이라면 커리어와 개인적인 삶 사이에서 균형을 맞추며 살아가면서, 자연스럽게 압박감을 느끼는 순간이 많다. "지금 이걸 배워서 정말 도움이 될까?", "이 배움을 끝까지 이어갈 수 있을까?" 같은 질문들이 머릿속을 맴돌고, 특히 출산과 육아로 인해 잠시 커리어를 쉬게 되면, 지금까지 쌓아온 노력과 배움이 물거품이 되어버리는 것은 아닌지 불안감에 사로잡히기도 한다. 필자 역시 같은 고민을 한 적이 있다. 혹여 육아라는 거대한 변화 속에서 내가 힘겹게 쌓은 역량이 빛을 잃

는 건 아닌지, 한 번 멈춘 배움의 궤도를 다시 이어갈 수 있을까 하는 생각에 주저하고 머뭇거렸던 순간이 셀 수 없이 많았다.

커리어와 개인적인 삶에서의 고민 사이에서 균형을 맞추려 애쓰는 동안, 점점 내 자신을 돌보는 일이 소홀해지고 있다는 걸 깨달았다. 스트레스를 풀고 체력을 관리할 무언가가 필요했다. 그리고 그 답은 운동이었다. 춤에는 소질이 없다고 생각했지만, 수많은 운동 중 밸리댄스를 배워보고 싶다는 마음이 들었다. 이유는 단순했다. 멋져 보였기 때문이다. 일반적으로 사람들은 운동을 하거나 춤을 추면서 멋진 자신을 보며 성취감을 느끼고, 스트레스도 해소된다고 말한다. 하지만 처음 춤을 배울 때 거울 속 내 모습이 어색하고 우스꽝스럽고 재미있어서 춤추는 영상을 찍어 보면서, 오히려 그것이 하나의 스트레스 해소법이 되었다. 예능 프로그램을 볼 때보다도 제가 춤추는 영상이 더 웃겼으니까. 그런데 시간이 지날수록 춤에 대한 열정이 생기기 시작했고, 결국 밸리댄스 강사 자격증을 취득하게 되었다. 이 작은 배움이 점차 확장되면서 대회에서 금상을 수상하는 경험까지 하게 되었고, 나중에는 건강과 운동을 접목한 강의를 시작하며 그것이 하나의 커리어로 발전하기까지 했다.

이 과정을 통해 깨달은 점이 있다. 배움은 처음에는 부담스럽고 어색할 수 있지만, 결국에는 우리를 더 나은 방향으로 이끌어준다는 것이다. 설사 그 배움이 처음에 아무것도 아닌 우스꽝스러운 모습이었을지라도 말이다. 그리고 셰릴 샌드버그의 이야기는 이 점을 다시금 상기시켜 주었다. 그녀 역시 커리어를 쌓는 과정에서 스스로를 의심했던 순간들이 있었지만, 배움이야말로 리더십을 강화하는 중요한 도구라는 사실을 결코 잊지 않았다. 배움을 통해 우리는 더 큰 역량을 쌓게 되고, 그것은 커리어뿐만 아니라 개인적인 성장에도 깊은 영향을 미친다. 나는 이를 몸소 경험했다.

불안한 현실 속에서 도약하라: 배움이 이끄는 퀀텀 점프

다니던 회사를 퇴사하고 대학원 진학을 고민하면서 수많은 갈등과 불안을 마주했다. 더 깊은 전문성을 쌓고 싶다는 열망이 있었지만, 한편으로는 이제 막 사회에 나선 초년생도 아니고, 커리어가 어느 정도 안정된 상태에서 과연 내가 이 길을 끝까지 걸어갈 수 있을지에 대한 두려움이 컸다. 출산과 육아가 머지않아 다가올 텐데, 학업과 개인적인 삶을 동시에 해낼 수 있을까? 그리고 배우고자 하는 것들이 과연 그만한 가치가 있을까 하는 생각들이 끊임없이 필자를 괴롭혔다. 특히 출산 후 모든 것이 흐지부지 끝나버리지는 않을까 하는 막연한 걱정도 있었다.

그럼에도 불구하고 대학원 진학을 선택한 이유는 분명했다. 지금까지 쌓아온 배움과 경험들은 결코 헛된 것이 아니었고, 그것들이 바로 지금의 나를 만들었다는 사실을 깨달았기 때문이다. 배움은 단순히 지식을 얻는 것에 그치지 않았다. 배움의 과정에서 생각이 깊어졌고, 마인드가 단단해졌으며, 그 과정이 더 나은 사람으로 변화시켜 왔다. 이 모든 불안 속에서도 나를 더 나은 사람으로 만들기 위해, 선택한 길을 끝까지 걸어가기로 결심했다.

더 나아가, 한 가지 확신이 들었다. 배움을 통해 느끼는 성취감은 필자에게만 머무는 것이 아니라, 앞으로 만날 자녀에게도 큰 영향을 미칠 것이라는 점이었다. 엄마가 학문을 추구하는 모습을 본 자녀들이 배움의 중요성을 깨달을 수 있을 것이라는 믿음이 생겼다. 배움은 단지 자신을 성장시키는 것에 그치지 않고, 다음 세대에게도 긍정적인 영향을 미칠 수 있는 중요한 가치를 담고 있다.

지금 이 글을 읽는 20, 30대 초반의 여러분들에게 전하고 싶은 메시지는 분명하다. 우리는 모두 불안 속에 살지만, 그 불안 때문에 성장을 위한 배움을 멈춰서는 안 된다. '알면 좋은 내용(NICE TO KNOW)'을 넘어 '내게 꼭 필요한 내용(NEED TO KNOW)'에 집중할 때, 우리는 한계를 넘어서는 퀀텀 점프(Quantum Jump)를 경험하게 된다. 이 도약은 비단 당신을 위한 변화에 그치지 않는다. 당신이 쌓은 배움과 성장의 발판은 미래의 나, 그리고 그 주변 사람들에게도 힘을 전한다. 그렇기에 지금 이 순간, 필요한 핵심을 붙들고 배움을 멈추지 않길 바란다. 그 배움이 결국, 당신을 더 넓은 세계로 이끌어 줄 것이다.

NTK 인사이트 필터_ 3단계 프로세스

STEP 1: 브레인 덤프 (Nice to Know 모으기)

이 단계는 '전부 쏟아내기'가 목표이므로, 특별한 제한 없이 자유롭게 적을 수 있는 여유로운 공간 확보

- 배워보고 싶은 것들
- 최근 관심 있는 스킬/지식
- 주변에서 추천받은 강좌/자격증

STEP 2: NTK 필터링 (Need to Know 추출)

이제 위에 적은 내용 중 당장 목표 달성에 필수적인 것에만 형광펜 표시하듯 ★ 표시를 해보세요.

STEP 3: 실천 전략 수립 (구체적 실행 계획)

'배움'에서 '실행'으로 연결하기

5.

작은 실천이 만드는 큰 성장

최인선

5년 후 나는 어떤 삶을 만들어가고 있을까?

5년 후에도 지금의 일을 즐겁게 이어 가면서, 동시에 새로운 분야에 도전하기 위해 계획 실천하고 있다. 지금의 직업과는 다르지만, 반드시 해보고 싶은 일이기 때문이다. 이를 위해 핵심 목표를 세우고 세 가지 세부 목표를 세워 차근차근 실천해 나가고 있다.

매일 세운 목표를 모두 실천하는 건 쉽지 않다. 현실적으로 가장 중요한 일부터 챙겨야 하기 때문이다. 다행히 15년 동안 쌓아온 경험 덕분에 지금의 일은 어느 정도 안정적인 시스템으로 운영되고 있다. 하지만 세상은 빠르게 변하고, 강사로서 만나는 사람들도 끊임없이 바뀐다. 그래서 지속적인 연구와 학습은 선택이 아니라 필수다. 프리랜서 강사로서 가장 큰 강점이자 매력도 바로 여기에 있다.

한 가지 일만으로 만족할 수 없다는 생각이 들었다. 그래서 오랫동안 해보고 싶었던 일들을 하나씩 적어 내려갔다. 모든 걸 다 할 수는 없기에, 나에게 가장 의미 있는 것부터 선택해 현재의 삶과 균형을 맞출 수 있는 목표부터 실천하고 있다.

예를 들어, 아침에 일어나면 먼저 15분간 명상을 하고, 책한 챕터를 읽으며 하루를 시작하고, 감사 일기를 작성하는 것으로 하루를 마무리한다. 이런 작은 루틴을 만들면서 하루를 더 의미 있게 채워가고 있다. 매일 완벽하게 실천하지 못하더라도 작은 실천들이 쌓이면 미래의 나에게 분명히 목표 달성과 더불어 긍정적인 변화를 가져다줄 것이라 믿기에 즐겁게 도전하고 있다.

이처럼 목표는 삶의 방향을 명확히 제시하고, 동기부여를 통해 지속적인 성장을 가능하게 한다. 단순한 바람이 아니라, 삶의 방향을 설정하고 나아가도록 돕는 강력한 도구인 것이다.

목표 설정이 막막할 때, 어디서부터 시작할까?

'목표를 세워야 한다.'라는 말을 수없이 들었지만, 정작 어떻게 목표를 세워야 하는지는 배우지 않았다.

새로운 목표를 설정할 때 가장 중요한 것은 '나'에 대한 깊은 이해와 '미래'를 향한 긍정적인 마인드셋이다.

다른 사람이 정한 목표를 따라가기보다, 나만의 가치관과 꿈을 기반으로 현실적이고 구체적인 목표를 세워야 한다. 이를 위해, 나 자신에게 질문을 던져보자.

- 내가 가장 즐겁고 몰입할 수 있는 활동은 무엇인가?
- 5년 후, 나는 어떤 사람이 되어 있을까?
- 가장 소중하게 생각하는 가치는 무엇인가? (건강, 성장, 관계, 자유 등)
- 어떤 분야에 관심이 있으며, 깊이 배우고 싶은가?
- 다양한 경험을 하고 싶은가?
- 발전시키고 싶은 능력(지식, 기술, 성격 등)은 무엇인가?

이 질문들에 대한 답을 정리하다 보면, 나에게 진정으로 의미 있는 목표가 무엇인지 조금씩 구체화할 수 있다.

작은 목표로 시작하기

"연봉 1억을 벌겠다"

"세계여행을 하겠다"

이처럼 멋진 목표들이 떠오를 수도 있다. 하지만 목표의 크기보다 중요한 것은 실현 가능성과 지속성이다.

너무 먼 목표를 바라보기보다, 작고 현실적인 목표부터 시작해 보자.

예를 들어, 건강 관리를 목표로 한다면,

- 하루 30분 산책하기
- 계단 이용을 생활 습관으로 만들기
- 하루 2L 이상 물 마시기

이처럼 작은 목표들은 부담 없이 실천할 수 있으며, 하루하루의 노력이 쌓이면 자연스럽게 더 큰 변화로 이어진다.

작은 성공 경험은 자신감을 높여주고, 목표를 지속할 수 있는 원동력이 된다.

성공은 작은 목표에서 시작된다: 지속 가능한 성장 전략

성공한 사람들은 처음부터 거대한 성과를 이룬 것이 아니다. 작은 목표를 꾸준히 실천하며 차곡차곡 성장해 왔다.

예를 들어, 악동뮤지션의 사례를 보자.

이수현과 이찬혁은 어릴 때부터 음악을 좋아했고, 소소하게 자작곡을 만들며 온라인에 공유하기 시작했다. 처음에는 작은 무대에서 공연하는 수준이었지만, 점차 더 많은 사람들에게 알려지면서 성장했다.

특히 "자신들의 음악을 더 많은 사람들에게 알리고 싶다"라는 목표를 세우고 오디션 프로그램에 출연해 우승했다. 이후 YG엔터테인먼트와 계약하며 한국 음악계를 대표하는 아티스트로 자리 잡았다.

이수현은 여기서 멈추지 않고, 유튜브 채널을 운영하며 새로운 도전에 나섰다. 음악뿐만 아니라 패션, 뷰티 등 다양한 콘텐츠를 시도하며 팬들과 소통하고 있다. 이는 작은 목표가 점차 더 큰 성공으로 이어진 대표적인 사례다.

우리는 목표를 세울 때 '대단한 목표'만 떠올리지만, 실제 성장은 작은 실천에서 출발한다.

작은 목표가 큰 기회를 만든다.

목표를 실천하려 해도 시간, 비용, 환경이 걸림돌이 될 때가 있다. 그렇다고 많은 돈이 필요한 것은 아니다. 실천할 방법은 충분히 있다.

목표 실천을 위한 다양한 기관 활용 방법

* 교육 및 자기계발
    - 국가평생교육진흥원, K-MOOC: 무료 온라인 강좌
    - 패스트캠퍼스, 클래스101: 실무 및 취미 강의
    - 공공 도서관, 공유 오피스: 학습·작업 공간 제공

* 멘토링 및 네트워킹
    - 창조경제혁신센터, 청년재단: 창업·취업 멘토링
    - 잡플래닛, 링크드인: 전문가 네트워크 활용

* 재정 및 지원 프로그램
    - 청년내일채움공제, 국가장학금: 재정 지원
    - 소상공인 창업 지원, 사회연대은행: 창업 및 자기 계발 지원

* 건강 및 습관 형성

- 국민체육진흥공단, YMCA: 건강 및 생활체육 프로그램
- 마음챙김 명상센터, 챌린저스 앱: 멘털 관리 및 습관 형성

성장은 '언젠가' 하는 것이 아니라, 지금 당장 실천할 수 있는 작은 변화에서 시작된다.

균형 잡힌 목표 실천이 핵심이다.

목표를 이루는 과정에서 중요한 것은 지속성과 균형이다.

- 작은 목표부터 시작해 성공 경험을 쌓는다.
- 유연한 태도로 목표를 조정하고 발전시킨다.
- 실패를 두려워하지 않고, 성장의 기회로 삼는다.

목표를 설정하는 것은 단순한 계획이 아니라, 우리의 가능성을 확장하는 과정이다.

지금 세운 작은 목표들이 더 큰 성장과 기회를 만들어 낼 것이다.

기억하자.

목표는 거창할 필요 없다.

오늘의 작은 선택이 모여 미래를 바꾼다.

지금, 당신의 첫걸음을 내디며 보자.

6.

내가 변하면 미래도 바뀐다

최슬기

하루는 팀장님이 이렇게 말씀하셨다.

"여기는 학원이 아니야. 모르는 건 네가 알아봐야지."

"네, 죄송합니다."

또 어떤 날은 이렇게 말씀하셨다.

"모르면 물어봐야지. 왜 네 마음대로 해?" "사고 치지 말고 모르면 물어봐."

"네, 죄송합니다."

매일 상황에 따라 달라지는 상사의 지적 때문에 혼란스럽고 답답했다. 어느 장단에 맞춰야 할지, 어떻게 하면 조용히 하루를 넘길 수 있을지 고민이 끊이지 않았다. 결국 '오늘 하루만 버티자'는 생각에 빠져 점점 무기력하게 회사 생활을 이어갔다. 그저 버티는 것만으로도 잘하고 있다고 스스로를 위로했다. 이럴 때 어떻게 해야 하는지 누군가 알려주길 바라며 책을 찾아보았지만, 상황에 딱 맞는 해답은 없었다. 책 속의 상사와 동료, 그리고 상황 모두 지금의 현실과 달랐기 때문이다. 결국 '다들 이렇게 사는 거겠지'라고 스스로를 위로하며 환경은 어쩔 수 없다는 무력감에 빠졌다. 하지만 시간이 지날수록 이러한 생각은 결국 스스로 만들어낸 한계임을 깨닫게 되었다. 환경을 변화시키는 일은 분명 쉽지 않다. 하지만 이대로 살아가는 것도 고통스러운 일이었다. 그래서 조금씩 생각을 바꿔보기로 결심했다.

감정의 악순환에서 벗어나기

많은 학자들은 우리가 반응을 바꿀 때 비로소 환경 속에서 새로운 길이 열린다고 주장한다. 이는 환경을 대하는 태도가 바뀌는 순간 진정한 변화가 시작된다는 뜻이다. 만약 지금 처한 상황이 답답하게 느껴지고 벗어나고 싶다면, 바로 지금이 내 생각과 행동을 바꿀 때이다. 어떤 선택을 하든 그에 따른 대가는 있기 마련이지만, 우리는 종종 환경이 먼저 바뀌기를 바라며 그것이 더 쉬워 보인다고 착각한다. 그러나 조금만 더 깊이 생각해 보면, 환경을 바꾸는 것보다 자신을 변화시키는 것이 훨씬 더 빠르고 현명한 방법임을 알 수 있다. 지금의 상황을 바꾸고 싶다면, 가장 먼저 변해야 할 사람은 바로 자신이다.

감사의 습관을 가진 사람은 성장의 출발선부터 다르다.

그렇다면 변화를 위해 내가 해야 할 일은 무엇일까? 긍정심리학의 창시자인 마틴 셀리그만(Martin Seligman)의 연구에 따르면, 환경을 바꾸려 하기보다 내면을 변화시키는 것이 더 현명한 방법이라고 말했다. 그는 감사하는 습관이 우리의 생각과 시각을 어떻게 긍정적으로 변화시키고 삶의 만족도를 얼마큼 높이는지 연구했다. 연구 결과에 따르면, 감사의 태도는 우리의 사고방식과 인식을 근본적으로 변화시키며 삶의 질을 향상시키는 강력한 힘이 된다고 밝혔다. 이처럼 감사하는 마음은 올바른 선택을 하고 있다는 확신을 심어준다. 또한 동일한 상황에서도 긍정적인 시각을 갖게 해주며, 불필요한 감정 소모를 줄여 에너지를 더 발전적인 일에 집중할 수 있도록 돕는다. 이것은 곧 성장의 출발선에 서는 것과 같다.

과거에는 부정적인 감정을 잠시 달래는 것만이 유일한 방법이라고 생각했다. 하지만 이것은 근본적인 해결책이 될 수 없고 악순환의 반복임을 알게 되었다. 이 깨달음 이후, 환경이 바뀌길 기다리기보다 감사의 습관을 기르며 삶의 질이 달라짐을 경험해 보고 싶었다.

감사는 순간의 감정을 넘어, 찾고 또 찾을수록 더 넓은 시야를 열어준다.

감사는 단순한 감정을 넘어 더 넓은 시야를 열어주는 강력한 도구이다. 억울하고 답답한 상황 속에서도 감사를 찾는다면, 그 어려움은 도리어 성장의 발판이 될 것이다.

과거 한 회사에서 선배와 함께 국책 사업을 수행한 경험이 있다. 이 프로젝트는 강의를 개설하고 참여자들의 취업을 돕는 중요한 일이었다. 하지만 선배는 약속한 업무를 제대로 이행하지 않아 참여자들의 불만이 쌓여가고 있었다. 상황이 심각해지자 부장님은 선배를 호출했지만, 선배는 책임을 회피하며 모든 잘못을 필자에게 떠넘겼다. 심지어 선배는 참여자들에게 필자의 험담을 하고 설문조사까지 돌렸다. 그러나 설문 결과는 선배의 예상과 달랐다. 참여자들은 선배에 대해 부정적으로 평가했고, 필자에게는 높은 점수를 주며 이유까지 상세히 적혀 있었다. 그럼에도 불구하고 선배는 아무런 문제 없이 넘어갔고, 결국 필자 혼자 억울함을 감수해야 했다. '내가 잘못한 게 아닌데, 왜 이런 일이 반복될까?'라는 생각이 머릿속을 떠나지 않았다. 더 이상 일에 집중할 수도 없었고, 마음만 복잡해졌다. 이직을 고민해 보았지만, 어디를 가도 비슷한 사람을 만날 것 같다는 생각이 발목을 잡았다. 그러던 중, 지인의 조언을 듣게 되었다.

"환경을 탓하는 건 너를 더 힘들게 하는 일이야. 상황은 쉽게 바뀌지 않지만, 네 태도는 바꿀 수 있어." 이 말은 큰 깨달음을 주었다. 그동안 억울함에 갇혀 환경만 탓하며 정작 자신의 태도를 돌아보지 않았음을 깨달았다.

알렉산더 포프(Alexander Pope)는 어떤 상황에서도 감사하는 마음을 품는다면, 그 순간이 곧 인생에서 가장 소중한 순간으로 바뀔 것이라고 말했다. 이제는 억울한 상황 속에서도 감사할 것을 찾아보기로 결심했다. 먼저, 선배를 만난 것이 어떤 유익을 주는지 생각해 보았다. 선배의 장점은 끊임없이 발전적인 아이디어를 내놓는 것이다. 하지만 필자는 그것을 실행에 옮기는 것이 당연히 선배의 몫이라 생각하며 시키는 일만 해왔다. 반면 선배는 이를 실행하는 것이 후배의 몫이라고 여겼던 것이다. 이렇게 생각을 정리하면서 억울함의 근원을 찾게 되었고, 해결책이 보이기 시작했다. 이후로는 선배의 아이디어를 필자의 몫으로 생각하며 적극적으로 실행에 옮겼다.

이렇게 한 결과, 선배와의 갈등은 점점 줄어들었고, 더 넓은 시야와 역량을 갖추게 되었다. 또한, 프로젝트를 주도적으로 진행하며 동료들과 부장님의 신뢰도 얻었다. 결국 선배를 만나 일하게 된 것에 대해 진심으로 감사하는 마음이 우러나왔다.

감사는 더 넓은 시야와 깊은 통찰력을 만들어낸다.

우리의 선택은 생각을 바꾸고, 그 생각이 행동을 변화시키며, 그 결과 이전에는 보이지 않던 깊은 시야를 열어준다. 물론, 환경이 항상 이해되거나 인정하기 쉬운 것은 아니다. 하지만 그럴 때마다 환경을 탓한다면 아무것도 달라지지 않는다.

환경을 바꾸고 싶다면, 먼저 스스로에게 물어야 한다. 지금 이 상황에서 감사할 수 있는 것은 무엇일까? 이는 단순히 긍정적으로 생각하라는 말이 아니다. 감사할 이유를 찾고 또 찾아야 한다. 그렇게 할 때, 비로소 감사를 통해 보지 못했던 시야를 갖게 되고, 문제라고 여겼던 상황이 발전의 기회임을 깨닫게 된다.

오늘부터 감사의 순간을 기록하는 당신만의 공간을 만들어보자. 작은 감사들이 쌓일수록 더 깊은 통찰력을 얻게 되고 그동안 생각하지 못했던 새로운 해결책을 발견하게 될 것이다.

제4장

자기 계발

솔직한 나와 마주하는 용기

최슬기

'내가 왜 그랬을까?'

'내가 너무 싫다.'

이런 질문들이 반복될 때, 우리는 자신을 끊임없이 자책하며 부족함을 느낀다. 자신에 대한 불만과 비난은 쉽게 마음속에 자리 잡아 결국 성장을 가로막는 장애물이 된다. 우리는 누구보다도 자신의 불완전한 모습을 잘 알고 있다. 부끄럽고 부족한 면들을 감추고 싶어 하지만, 그 모습이 드러날 때마다 심지어 나조차 나를 외면하고 싶어질 때가 있다.

솔직한 자신의 모습을 마주하는 순간, 우리는 두 가지 반응을 경험하게 된다. 첫째는 그 모습을 부정하고 싶은 마음이고, 둘째는 외부의 평가와 비난에 대한 두려움이다. 외부의 비난은 때로 성장을 위한 건설적 피드백처럼 들리기보다 조롱과 비웃음처럼 느껴져 깊은 상처로 남는다. 단 한 번의 부정적 경험만으로도 우리의 마음과 생각은 의기소침해지며 성장에서 멀어지게 된다. 결국, 우리는 성장의 기회를 놓친 채, 그저 회사에서 자신의 이름이 불리지 않기만을 바라며 하루하루를 견디고 있을지도 모른다. 하지만 바로 이 순간이야말로 솔직한 나 자신을 마주해야 할 시간이다. 자신을 외면하지 않고 있는 그대로 받아들일 때, 비로소 우리는 진정한 성장의 첫걸음을 내디딜 수 있다.

성장의 첫걸음은 나를 있는 그대로 바라보는 용기에서 시작된다.

마음 한구석에서 작은 울림이 사라지지 않았다.

'이건 아닌데… 이렇게 사는 건 싫은데…'

이 내면의 소리는 우리가 조금씩 더 나아지기를 바라는 마음을 확인시켜 준다. 매년 새해가 다가오면 우리는 어김없이 다짐하고 새해 계획을 세운다.

'이번 해에는 반드시 이루어야지.'

'꼭 해낼 거야.'

이 장면은 누구에게나 낯설지 않다. 그러나 시간이 지나면서 그 다짐은 점차 희미해지고, 결국 다시 원래의 모습으로 돌아가는 자신을 발견하게 된다. 그럼에도 불구하고 우리는 알고 있다. 성장하고 싶은 강한 욕구가 우리 안에 있음을.

우리는 종종 다른 사람들의 끈기와 노력에서 우리의 성장하고 싶은 마음을 투영한다. 그들의 모습에서 힘을 얻고, 나 또한 그들처럼 살겠다고 다짐하게 된다. 우리는 끊임없이 성장하려고 노력하는 모습이 자신의 진정한 모습임을 인정해야 한다.

성장을 원한다면 먼저 나를 솔직하게 마주해야 한다. 이때 가장 중요한 것이 바로 자기 인식이다. 자기 인식이란 자신의 마음과 생각을 살피고, 자신의 행동이 다른 사람과 상황에 어떤 영향을 주는지 알아가는 과정이다. 이러한 자기 인식은 자기 성장의 핵심이며, 이를 바탕으로 한 자기 평가를 통해 우리는 발전할 수 있다.

자기 인식을 통해 성장하는 사람들은 자신이 가진 강점과 약점을 명확히 파악한다. 또한, 실수를 통해 교훈을 얻고, 그 경험을 바탕으로 더 나은 모습으로 나아간다. 감정을 잘 조절하고, 자신을 지나치게 비판하기보다는 건설적인 피드백을 받아들이며 성장한다.

리더십 교육에서도 자기 인식이 중요한 이유는 이와 같다. 자기 평가 없이는 결코 발전할 수 없기 때문이다. 자신의 약점을 알고 이를 개선하려는 노력 없이는 진정한 성장을 이룰 수 없다. 캐롤 드웩(Carol Dweck)의 성장 마인드셋 이론도 이와 같은 맥락을 강조한다. 그녀는 꾸준한 피드백과 자기 평가가 성장을 이끄는 핵심이라며, 자신을 정직하게 바라보는 것이 중요하다고 주장한다. 부족한 부분을 인정하는 것은 결코 쉬운 일이 아니지만, 그 과정을 통해 우리는 진정한 성장을 경험하게 된다.

타인의 피드백을 받아들이는 용기, 성장을 위한 두 번째 열쇠

성장은 자신을 솔직하게 바라보는 데서 시작되지만, 거기서 끝이 아니다. 진정한 성장은 타인의 피드백을 받아들이면서 더욱 깊어진다. 우리가 아무리 스스로를 잘 안다 하더라도, 타인의 시선은 우리가 놓치고 있는 부분을 정확히 지적해 준다. 이 과정이 불편하고 때로는 아프더라도, 그 불편함이 바로 성장의 열쇠가 된다.

하지만 타인의 피드백을 받아들이는 일은 쉽지 않다. 때로는 '그 사람이 나를 제대로 이해하고 있을까?'라는 의문이 들거나, '내 상황도 모르면서 평가하는 것 아닌가?'라는 감정이 생길 수 있다. 이러한 생각은 타인의 피드백을 거부하는 자연스러운 방어 기제로 작용하기도 한다. 그러나 이 순간이야말로 우리가 성장을 선택할 것인지, 아니면 현재에 머물러 있을 것인지를 결정짓는 중요한 기로이다.

필자 역시 직장 생활 중에 타인의 피드백을 받아들이기 어려웠던 시절이 있었다. 당시에는 실수를 피하는 데만 신경 쓰며, 업무를 무난히 마치는 것만으로도 충분하다고 생각했다. 그러나 선배는 항상 최고의 성과를 목표로 삼았고, "일 대충하지 마라. 우리는 이 프로젝트에서 최고의 결과를 내야 한다"는 말을 자주 했다. 그때마다 부담스럽고 불편하게 느껴져 오히려 거부감이 들기도 했다.

그러던 어느 날, 비슷한 평가를 부장님께도 듣게 되었다. 그

제야 스스로 진지하게 돌아보기 시작했다. 처음에는 그 평가를 인정하기 어려웠지만, 시간이 지나면서 그것이 단순한 지적이 아님을 알게 되었다. 필자의 태도와 행동을 정확히 보고 내린 평가였다. 서서히 솔직한 나를 마주하고 나서야 내가 놓치고 있던 중요한 부분을 인정하게 되었다.

그전까지는 주어진 업무만 충실히 하며, 추가적인 요청이 들어오지 않도록 미리 차단하는 데 익숙해 있었다. 다른 업무가 많다는 이유로 더 많은 일을 만들고 싶지 않았기 때문이다. 하지만 이런 태도는 최소한의 성과만을 목표로 하는 모습이었고, 양심에도 거리낌이 있었다.

부장님과 선배는 필자의 이런 태도를 지적한 것이었음을 알게 되었다. 이러한 피드백 덕분에 고객이 필요한 사항을 더 편하게 말할 수 있도록 적극적으로 도왔고, 결과적으로 그 프로젝트에서 최고의 평가를 받을 수 있게 되었다.

이 경험은 필자에게 큰 교훈을 주었다. 듣기 싫은 피드백 속에 감추고 싶은 나의 모습이 숨겨져 있음을 인정하게 되었다. 피드백을 받아들이고 자신을 정직하게 직면할 때, 우리는 성장의 귀중한 기회를 얻게 된다. 반대로, 피드백을 적당히 흘려들고 넘긴다면 우리의 결과도 적당한 수준에 머물게 될 것이다.

성장의 비밀은 스스로를 돌아보고 타인의 시선에서 나를 바라보는 데 있다.

우리는 누구나 인정받길 원하고 그만큼 성장에 목말라 있다. 그러나 성장의 문은 단순히 원한다고 열리지 않는다. 진정한 성장은 자신을 솔직히 돌아보는 데서 시작된다. 자신이 어디에 서 있는지, 무엇이 부족한지, 무엇을 더 채워야 하는지 깊이 들여다보는 용기가 없다면 성장은 그저 머릿속의 꿈일 뿐이다. 우리 내면의 진실과 솔직하게 마주하자. 이것이 곧 우리의 출발점이 될 것이다.

성장의 첫걸음을 내디딘 후에는 다른 사람의 평가를 열린 마음으로 받아들일 준비가 필요하다. 엘리자베스 킹(Elizabeth King)은 타인의 비판을 받아들일 수 있을 때 비로소 더 나은 자신을 만날 수 있다고 말했다.

우리는 비판적인 피드백을 받을 때 마음이 아플 수 있지만, 그 속에 우리가 놓치고 있던 부분을 깨닫고 개선할 수 있는 열쇠가 숨겨져 있음을 꼭 기억해야 한다. 스스로를 돌아보는 고통과 타인의 평가를 받아들이는 불편함 없이는 진정한 변화와 성장은 시작되지 않을 것이다. 하지만 이 과정을 통해 우리는 점차 더 나은 자신으로 성장해 갈 것을 잊지 말아야 한다.

2.

성공하는 리더의 전문성

변지민

당신이 몸담은 분야에서 '성공'은 무엇을 의미하는가?

　세상 사람들에게 성공의 의미는 모두 다르다. 사람마다 성공의 의미가 모두 다른 만큼 성공한 리더가 되기 위해서 갖추어야 하는 전문성도 모두 다르다. 독자가 몸담고 성공을 이루고자 하는 분야가 무엇인지 알지 못하면서 어떤 전문성을 길러내야 하는지를 필자가 이야기하는 것은 어불성설이다. 하지만 전문성 있는 리더가 되기 위해 무엇을 어떻게 해야 하는지 각각의 사람마다 다르다 하더라도 사회 변화의 흐름에서 전문성의 의미를 이해하고 자신의 목표와 방향성을 갖는 것은 중요한 의미가 있다.

사회에 첫발을 내딛지 못한 사회 초년생이 자신이 꿈꾸는 조직에 입문하는 것은 자기 일에서 성공을 위한 첫걸음을 떼는 것이다. 전문성을 갖는다는 것의 시작은 조직이 원하는 인재가 되기 위한 첫걸음을 떼는 것이다. 전문성을 갖는다는 것의 시작은 인재가 되기 위한 요건을 갖추고, 자신이 목표한 수준에 이르겠다는 마음가짐에서 시작된다. 그리고 자신이 성장하고자 노력을 기울이며 한 단계 한 단계 성장을 꿈꾸며 필요한 지식과 태도, 해결 방법 등을 습득하며 배워 나가며 전문가로서 성장하게 된다.

전문성 있는 전문가로 성장한다는 것

　　요즘 시대의 젊은 세대들은 믿기 어렵겠지만 40~50년 전만 해도 비교적 단순한 한 가지 기술만이라도 잘할 수 있으면 경쟁력을 갖춘 사람으로 인정받던 시대가 있었다. 심지어 맡겨진 일을 그저 열심히 할 것이라는 결연한 의지를 보여주는 것만으로도 취업이 가능한 시대도 있었다. 모든 독자가 알고 있듯이 농경사회에서 산업화와 지식기반의 사회로 변화되면서 현재를 살아가는 우리는 전문성의 중요성을 인지하게 되었고, 이를 반영하듯 전문성을 입증하기 위해서 너도나도 자격증을 소지하는 세상이 되었다. 전문성이 경쟁자들 사이에서 차별성을 끌어내는 힘이고, 나의 가치를 만드는 것으로 생각하게 된 것이다.

사회 초년생에게는 전문성은 접어두고, 자격증을 갖추고도 그 전문적인 영역에 취업하는 일조차도 쉽지 않은 것이 현실이다. 대다수의 사람은 안정된 일을 하기 위해 전문적인 일을 하기 위해 또는 자신이 어떤 분야의 일을 수행할 수 있는 능력을 입증하기 위해서 자격증을 소지한다. 그러나 자격증이 곧 전문가는 아니다. 자격증은 그 분야의 일을 수행 할 수 있는 최소한의 자격증인 것이다.

독자가 자신이 원하는 분야에서 일하게 된다면 많이 배우고 익히는 것에 시간과 노력을 기울이라고 말하고 싶다. 말콤 글래드웰이 저서 《아웃라이어》에서 10,000시간의 법칙을 강조하는 것처럼 전문성을 위해서는 지속적인 학습과 노력이 필요하다. 실전에서 성과를 이룰 수 있는 지식과 기술을 익히는 것, 실전 감각을 놓지 않으려는 노력은 시대 변화에 적용과 적응 할 수 있는 힘이 된다. 그리고 배움이 배움에 머무르지 않도록 실전에서 적용하고, 또 그것으로 성과를 만드는 전문성이 매우 중요한 것임을 알아야 한다.

어떤 분야에서나 전문가가 되려는 과정에는 성장의 단계가 있다. 성장에는 '시간과 노력'이라는 투자가 필요하다. 그 누구도 한 번에 전문가가 될 수 없다. 차근차근 자기 경력을 쌓아 자신의 가치를 높여야 한다. 누구나 이를 잘 알고 있는 이 사실이 무슨 방법이 될 수 있겠냐고 생각할 수 있겠지만, 가만히 우리의 일상을 들여다보면 전문성을 높이기 위해서 업무시간 외에 자신의 가치를 높이기 위해 꾸준히 시간과 노력을 기울이는 것이 쉽지 않다는 것을 알 수 있다. 우리는 직장의 스트레스와 힘든 일과에 지쳐 퇴근 후 또는 휴일에 휴식과 취미로 즐기는 일에 시간을 쓰는 것이 필요한 시간이고 충전의 시간임을 안다. 그래서 운동, 취미, 휴식, 가족과 시간을 보내는 것에 시간을 할애한다. 이에 반하여 당신은 자신의 전문성 있는 지식과 경험을 위해서 하루에 또는 일주일에 얼마나 많은 시간을, 노력을 기울이고 있는가? 회사에서 주어진 업무만으로 자신의 전문성이 성장하기에는 한계가 있다. 업무시간 외에 전문성을 기르기 위해 축적된 시간과 다방면의 노력이 전문성 있는 전문가로 성장 할 수 있는 힘이다.

전문가로 성장하기 위해서 강한 의지도 갖추어야 할 요소이다. 전문성은 많은 시간을 투자해야 하는 만큼 강한 의지가 바탕이다. 의지는 집중력 있게 목표를 하나하나 이루어 나가며 독자를 전문가로 성장할 수 있게 하는 원동력이다. 의지를 성과로 이어지게 하기 위해서 우리는 명확한 비전이나 목표를 세우고, 실행 가능한 계획을 세운다. 의지를 굳건히 하기 위해 와신상담하는 것처럼 누군가는 자신의 목표를 잘 보이는 곳에 써 놓기도 하고 누군가는 매일 기도를 하며 자신을 일깨우기도 한다. 말하는 대로 이루어진다는 믿음으로 큰 소리로 외치는 방법이던 일기를 쓰면서 다짐하는 방법이던 나의 의지를 다잡는 나만의 방법을 찾아 무형화의 의지를 행동화, 시각화, 언어화하는 과정이 필요하다. 이를 통해 나의 의지가 굳건할 수 있기 때문이다.

전문성을 갖춘다는 것은 앞에서 언급한 것과같이 많은 시간이 소요해야만 한다. 빠르게 변화 발전하는 현대 사회에서 때로는 선의의 경쟁 구도가 전문성을 갖추고 성장하는 것에 좋은 자극제가 된다. 선의의 경쟁은 성장을 가속하는 힘이 있기 때문이다. 기업도 국가도 좋은 선의의 경쟁에서 발전의 수레가 멈추지 않고 구르는 것처럼 개인도 자신의 전문성을 성장시키기 위해 마음에 선의의 경쟁 구도로 게으름을 떨쳐버리는 힘을 가져야 한다.

전문성으로 갖추어야 할 요소로 통찰력이 요구된다. 전문가가 되기 위해 자신의 분야에 집중하다 보면 시야가 좁아지는 오류를 범하기도 한다. 자신의 전문성에 매몰되지 않으려면 사회의 흐름에 맞는 통찰력을 가지고 사회의 흐름을 읽는 눈을 가지고 적용, 융합할 힘이 있어야 한다. 현대 사회에서의 전문성은 과거와 달리 그 깊이와 폭이 방대하다. 다른 학문과 창의적으로 융합하여 문제를 해결할 수 있어야 하고, 새로운 분야에 적용하여 활용도를 높일 수 있어야 한다.

전문성은 상황에 따라 깊거나 넓은 확장된 전문 지식으로 문제를 해결하고 도전하며 스스로 성장하려는 과정에서 깨닫고, 연습하고, 터득하고, 도전하면서 길러진다. 더욱 특별한 것은 전문성을 위한 성장은 성공에서만 얻어지는 것이 아니다. 실수나 실패로부터도 우리는 많은 것을 배운다. 실수를 통해 무엇을 보완해야 하는지 배우기도 하고, 실수를 통해 새로운 발견을 하기도 한다. 성장하는 과정에서 잘못되거나 실패할 것을 두려워하지 말고 도전해야 한다. 도전하는 과정의 실행력에서 우리는 전문성 있는 전문가로 성장할 수 있다.

다양한 독자의 일선에서 모두가 자신이 꿈꾸는 전문성을 실현할 수 있는 자신의 방법을 찾아가는 패기 넘치는 젊은이의 모습으로 만나기를 기대한다.

전문성 있는 리더의 영향력 : 주변을 함께 성장시킬 수 있는 리더의 전문성

인간의 성장 욕구 때문일까? 리더에 관한 관심은 현대인들이 관심을 갖는 새로운 소재가 아니다. 인간은 오랜 세월 리더에게 관심을 가져왔고, 리더를 육성할 수 있도록 노력해 왔다. 산업혁명 이후 많은 나라에서 신분사회의 리더는 없어졌지만, 사회가 복잡해질수록 수많은 조직에서 다양한 분야에 다양한 형태의 리더가 생겨났고, 그 리더에게 요구되는 능력 중 전문성은 필요조건 아닌 필수조건이 되었다. 리더의 자리에서 전문성이 없는 리더는 그 역할을 온전히 수행할 수 없는 것이 요즘의 현실이다.

모두가 각계각층에서 전문성을 가지고 있지만 리더가 자신의 전문성을 발휘하여 영향력을 발휘한다는 것은 좀 다른 이야기이다. 한동안 정말 인기가 많았던 '생활의 달인'이라는 TV 프로그램이 있었다. TV에 출연했던 많은 주인공은 모두 특별했다. 특히 한 직장에 오래 몸담고 있으면서 한 분야에 숙달되거나 신출귀몰한 특별한 재능을 가진 사람들의 출현은 이목을 집중시켰다. 출연자들은 매우 특별했고, 누구도 쉽게 흉내

낼 수 없을 만큼 그 분야에서 전문성을 가지고 있는 특별한 사람들이다. 그러나 그들이 그 분야의 리더로 자리매김하고 있지 않는 것을 보아왔고, 누구도 그들이 탁월한 재능과 전문성을 가지고 있다고 해서 '리더'라고 칭하지도 않는다. 그들이 분명 특별한 전문성을 발휘하고 있지만, 리더로서 영향력을 발휘하지 못한 이유는 전문 영역이 너무 좁고 한정적이기 때문이다. 전문성 있는 리더로써 영향력을 발휘하려면 조직이나 사회와 연계되어야 한다. 필자는 전문성 있는 리더로 가천길재단 이길여 총장의 인생을 통해 성공한 리더의 전문성이 사회에 미치는 영향력에 관해 이야기하고자 한다.

이길여는 6·25전쟁 중 아버지를 여의고 겪게 된 경제적인 부담감, 고등교육을 받는 여성을 달가워하지 않는 문화의 어려움 속에서도 뜻을 가지고 의사가 되었다. 졸업 후 동료와 함께 개업한 병원은 밀려드는 환자 때문에 바빴다. 그러나 그녀는 돈을 버는 일보다 의사의 본분을 다하려는 사명감 넘치는 의사였다. 1950년 후반인 당시에는 살림이 녹록지 않았던 환자들이 병원비를 마련하지 못하여 수술하고 입원한 환자들이 병원비를 마련하지 못해 야반도주하는 사회문제가 심각했다. 그래서 생겨난 제도가 의료보증제도였다. 의료비를 보증할 수 있는 환자들에게 의료행위를 함으로써 의료업계에 경제적 위험 부담을 줄이고, 비도덕적인 환자의 잘못된 문화를 바로잡고자 하는 취지였다. 그 제도가 바른 것임을 알지만, 그녀는 생명이 우선이었다. 그래서 의료보증제도 없이 경제적인 어려움에 있는 환자도 병원을 방문 할 수 있도록 문턱 없는 병원을 운영했다. 그뿐 아니라 책임감으로 농어촌 의료 봉사활동을 하였고, 도서벽지의 병원을 인수해서 의료의 혜택을 받지 못하는 지역민을 위해 적자를 면치 못하는 병원 운영도 마다하지 않았다. 모든 의사가 또는 모든 전문성 있는 리더의 자리에 있는 사람들이 이길여 총장처럼 자신을 이익과 자신의 인생을 희생해야 하는 의무는 없다. 하지만 사회를 위해 자신의 전문성으로 할 수 있는 부분이 무엇인지를 생각하고 행동으로 실천하는 것 그리고 주변과 함께 성장하려는 전문가로서의 삶이 어떤 방향으로 발휘되어야 하는지를 보여준다.

매일 식사를 챙겨 먹을 시간이 없을 만큼 밀려드는 환자를 치료하면서 낙후된 당시 의료 기술에서 벗어나기 위해 과감히 32세에 미국 의사 자격을 취득하여 다년간 미국에서 인턴과 레지 과정을 통해 의료 기술을 습득하고, 43세에 일본 니혼대학에서 박사 학위를 받으며 새로운 기술과 장비를 받아들이고자 했다. 그녀는 의사로서 전문성을 잃지 않으려는 개인적인 노력 외에도 의료법인 길병원을 설립하여 가천길대학(현 가천대학교)으로 발돋움하여 의료인을 키우는 교육자로서 후진을 양성하는 것을 필두로 2013년에는 세계 최초 뇌신경 지도를 완성할 수 있도록 힘썼고, 2016년 인공지능 진료를 할 수 있는 암센터 개소, 2020년 인공지능학과 개설, 가천대학교가 국가 지정 연구 중심병원으로 자리매김하면서 한국 의료계의 기둥이 될 수 있도록 한 원동력이다. 90세가 넘는 현재에도 가천길재단의 대표로서 활동하며 문화, 언론, 교육, 봉사활동에 관여하며 의료인으로서 전문성으로 출발하여 다양한 분야에서 영향력을 펼치고 있다. 이길여 총장이 전문성을 갖춘 의사로서 후배에게 귀감이 되는 선배로서 또는 병원과 학교 재단을 운영하는 경영인으로서 이룬 업적이 쉬운 일은 아니다. 그러나 전문성 있는 의사로서의 삶을 개인의 성취와 안위의 수단으로 삼는 것에 머물지 않고 자신이 활동하는 영역에서 사회의 약자들을 위해서 헌신하고, 의료인의 육성과 의료 발전을 위한 끊임없는 지원과 노력, 한 발짝 더 나가 지역문화를 위한 노력까지 아끼지 않는 모습에서 한 사람의 전문성 있는 리더의 영향력이 사회에 얼마나 많은 긍정적인 변화와 발전을 불러일으킬 수 있는지를 보여주는 예이다. 이것이 우리가 지향해야 할 진정한 전문성 있는 리더의 영향력이다. 우리가 모두 전문성 있는 리더로 성장하고,

그 영향력을 나와 이웃이 함께 상생하며 성장할 수 있는 사회적 선순환 역할을 담당하는 전문성 있는 리더가 되어야 한다.

동서양을 막론하고 과거 '글을 깨치는 배움'이 신분제도의 영향력 아래에 있을 때 글을 읽고 쓴다고 하여 모두가 그를 믿고 따르는 것은 아니었다. 글을 깨치고 선구안으로 의로운 바른 판단을 하고, 주변에 덕행을 베푸는 사람들 가르쳐 대인배로 호칭하고 따랐다. 오늘날에 비유하자면 지식과 기술로 전문성의 자질만을 갖추었다 하여 영향력 있는 전문가로 인정받지 못하는 것과 어쩌면 일맥상통한 일이라 생각된다. 우리가 모두 전문성을 갖춘 자신이 되도록 성장하고, 선한 영향력으로 전문성 있는 리더가 되고, 조직이나 사회와 함께 발전하는 영향력 있는 전문가의 힘이 전문성 있는 리더의 성공인 것이다.

누구에게나 다른 24시간

이수정

"당신은 하루 24시간을 어떻게 채우고 있나요?"

아침에 눈을 뜨는 순간부터 잠자리에 들기까지, 시간은 누구에게나 공평하게 흐른다. 하지만 누군가는 그 시간을 커리어 성장의 발판으로 만들고, 또 다른 누군가는 무심코 흘려보낸다. 한 사람은 새로운 기술을 익히고, 다른 사람은 자신의 몸과 마음을 단련하는 활동에 투자한다. 어떤 이는 가족과의 소중한 시간을 보내며 삶의 의미를 되새기고, 또 다른 이는 무심히 스크롤을 내리며 알면 좋을 법한 정보들 속에 자신을 방치한다.

그렇다면 당신은 지금 이 순간, 무엇을 선택하고 있는가?

흘려보낼 것인가, 쌓아 올릴 것인가: 24시간의 기회 창출법

우리는 흔히 "시간은 금"이라는 말을 듣곤 한다. 하지만 사회생활을 하다 보면, 그 금 같은 시간을 어디에, 어떻게 써야 할지 막막해지는 순간이 찾아온다. 마감이 코앞인 프로젝트, 쌓여가는 업무, 뒤로 미룰 수 없는 개인적인 일들. 모든 것을 다해내야 한다는 압박감 속에서 시간 관리는 점점 더 어려워진다. 그러다 문득 "내가 지금 이 순간을 제대로 활용하고 있는 걸까?"라는 의구심이 고개를 든다. 작은 선택 하나가 인생의 흐름을 바꿀 수 있다는 생각에 서두르다 보면, 오히려 아무것도 손에 쥐지 못한 채 주저앉게 되는 일도 부지기수다.

그러나 시간을 금처럼 대한다는 것은 단순히 바쁘게만 사는 것을 의미하지 않는다. 오히려 시간을 현명하게 쓰면 더 많은 선택지를 열고, 더 나은 기회를 만난다. "24시간"이라는 한정된 시간을 어떻게 배분하고 활용하느냐에 따라 우리의 삶은 완전히 다른 방향으로 흘러간다.

필자 역시 시간 관리에 대한 고민을 오랫동안 해왔다. 직장 업무, 학업, 개인적 성장, 여기에 결혼 후에는 가정과 사회에서 맡은 역할에 대한 책임감까지 더해지다 보니, 욕심은 커져만 갔다. 결국 너무 많은 것을 동시에 이루려다 보면, 어느 것도 제대로 해내지 못하는 상황이 반복되었고, 시간은 늘 부족하다고 느껴졌다.

그러던 어느 날, 시간을 가장 귀중한 자원으로 바라보기 시작했다. 한정된 시간을 어떻게 쓰느냐에 따라 원하는 결과를 얻을 수도, 중요한 것을 놓칠 수도 있다는 사실을 절감했다. 같은 하루라도 무엇을 우선하고 어디에 집중하느냐에 따라, 성장과 발전의 속도가 달라진다는 사실을 깨닫게 되었다. 이러한 깨달음은 필자에게 시간을 진정한 '금'처럼 다루는 법을 가르쳐주었다.

더 적게 일하고 더 많이 이루기: 허핑턴의 시간 관리 통찰

허핑턴 포스트의 설립자이자 성공한 작가로 잘 알려진 아리아나 허핑턴은 한때 과도한 업무에 시달리며 스스로를 혹사시켰다. 그러다 결국 피로가 극에 달해 기절하는 사건을 겪고 나서야, 그녀는 자신의 시간 관리 방식에 대해 다시 생각해 보게 되었다. 그 사건 이후, 아리아나는 휴식과 수면이 얼마나 중요한지 깨닫고 삶과 비즈니스를 재정비했다. 그녀는 시간이 많을수록 더 많이 일하는 것이 아니라, 주어진 시간을 어떻게 효율적으로 사용하는지가 성공의 열쇠임을 깨달았다.

허핑턴은 "시간 관리는 더 많이 일하는 것이 아니라, 더 잘 일하는 것"이라고 말하며, 자신의 삶을 완전히 새롭게 재정비했다. 업무 시간에 집중하고, 반드시 충분한 휴식을 취하는 것을 우선시했고, 이러한 방식이 오히려 생산성을 극대화하는 길이라는 사실을 직접 증명해 냈다. 그 결과 그녀는 허핑턴 포스트를 성공적인 미디어 플랫폼으로 성장시켰다.

이처럼 시간 관리의 핵심은 단순히 많은 일을 처리하는 것이 아니다. 주어진 시간을 금처럼 소중히 여기고, 효과적으로 활용하는 데 있다. 우리 모두에게 주어진 하루 24시간은 동일하다. 하지만 그 시간을 어떻게 사용하는지가 우리의 성공과 성장을 좌우한다.

허핑턴은 2007년, 과도한 스트레스와 피로로 인해 사무실에서 기절한 사건을 경험했는데 당시 그녀는 수면 부족과 과중한 업무에 시달리면서 스스로에게 무리를 가하고 있었고, 이 사건은 그녀가 그동안 지속해 온 비효율적인 시간 관리 방식에 대해 근본적으로 다시 생각해 보게 만드는 계기가 되었다.

기절 후 병원에서 치료를 받던 그녀는, 의사에게서 특별한 병이 있다는 진단은 받지 않았지만, 휴식과 수면 부족으로 인한 피로 누적이 문제의 원인이라는 사실을 알게 되었다. 이 사건은 아리아나 허핑턴의 삶에 중요한 전환점이 되었고, 그녀는 '과도한 업무보다 중요한 것은 효율적이고 건강한 시간 관리'라는 철학을 바탕으로 생활 방식을 완전히 바꾸게 되었다.

없다는 말은 없다: 24시간을 내 편으로 만드는 전략

한때는 시간이 항상 부족하다고 느끼며 살아왔다. 대학교 시절에는 학업과 아르바이트, 그리고 자격증 취득을 위해 매 순간을 분 단위로 쪼개서 살아야 했다. 직장 생활을 하면서도 운동과 봉사를 놓치지 않았고, "시간이 없다"는 핑계 대신 내 삶에 주어진 시간을 최대한 활용하려고 노력했다. 하지만 어느 순간, 그 모든 일을 감당하는 것이 너무 벅차서 지쳐버리기도 했다.

우리는 시간이 없다는 핑계를 자주 댄다. 하지만 그건 핑계일 뿐이다. 시간을 어떻게 사용하는지에 따라 우리에게 주어진 시간은 더 나은 미래를 위해 충분할 수 있다. 중요한 것은 우리가 그 시간을 어떻게 사용하는가이다. 시간을 금처럼 소중하게 여기고, 의미 있는 활동에 집중하는 것이 중요하다.

아리아나 허핑턴의 사례에서 볼 수 있듯이, 과도한 업무나 성취에만 집착하면 결국 우리를 지치게 만들 뿐이다. 더 많이 일하는 것이 성공을 보장하지 않다. 오히려 자신에게 주어진 시간을 잘 관리하고, 휴식과 여유를 통해 스스로를 돌볼 때, 우리는 더 창의적이고 생산적으로 성장할 수 있다.

필자 역시 시간을 아끼며 살아왔다. 대학교에 다닐 때부터 시간을 분 단위로 쪼개서 사용하며 목표를 향해 나아갔다. 수업이 끝나면 리포트를 작성하고, 밤에는 아르바이트, 주말에는 과외, 새벽 시간대에는 외국어 공부를 하며 근로장학생으로 학원 강의를 들었다. 이런 시간 관리를 통해 영어와 중국어 자격증까지 취득할 수 있었다. 이런 시간 관리 습관은 커리어에도 이어졌다. 직장 생활을 하면서도 운동을 꾸준히 했고, 과외 경험을 살려 재능 기부를 이어갔다.

유한한 시간, 무한한 성장: 시간을 내 편으로 만드는 법

그렇게 바쁘게 살아가던 내 삶에 예상치 못한 일이 찾아왔다. 정기적으로 받던 건강검진에서 이상이 발견되었고, 조직검사 결과는 유방암이라는 충격적인 소식이었다. 그 순간, 내 몸에 대한 걱정보다는 '앞으로 내가 하고 싶은 일을 못 하게 되면 어떻게 하지?'라는 생각이 가장 먼저 떠올랐다. 그동안 쌓아온 시간, 쉼 없이 달려온 길이 한순간에 멈추게 될까 봐 가장 두려웠다.

그 순간, 삶에서 시간을 어떻게 써왔는지 돌아보게 되었다. 주어진 시간을 알뜰하게 쓰며, 배움과 성장을 멈추지 않았다는 것에 자부심을 느끼면서도, 이제는 그 시간이 얼마나 소중한지, 그리고 그 시간을 앞으로 어떻게 써야 할지 깊이 고민하게 되었다. 시간은 그저 일과 성취를 위한 자원이 아니었다. 그것은 삶 그 자체였고, 필자가 누릴 수 있는 가장 소중한 기회였다.

이 경험을 통해 시간을 어떻게 쓰느냐가 나의 삶을 결정한다는 사실을 깨달았다. 시간 관리의 핵심, 시간은 '투자'하는 것이다.

첫째, '해야 할 일'이 아니라 '가장 중요한 일'부터 시작하자. 하루를 시작할 때 가장 먼저 해야 할 질문은 단 하나다.

"오늘 반드시 해야 할 가장 중요한 한 가지는 무엇인가?" 우리는 자잘한 업무와 사소한 일들에 하루를 빼앗기곤 한다.

하지만 '80/20 법칙(파레토 법칙)'을 떠올리면 전체 결과의 80%는 중요한 20%의 일에서 나온다. 모든 일을 하려 하지 말고, 당신의 하루를 결정짓는 단 한 가지에 집중해 보자. 작은 일에 시간을 빼앗기지 않는 것, 그것이 진짜 시간 관리다.

둘째, 시간의 흐름이 아니라 '에너지'를 관리하자.

같은 1시간이라도 언제, 어떤 상태에서 쓰느냐에 따라 생산성은 천차만별이다. 하루 중 당신의 집중력이 가장 높은 시간대는 언제인가? 시간을 관리하는 것이 아니라, 내 에너지를 최적으로 활용하는 것. 이것이 '덜 지치면서도 더 많은 걸 이루는' 가장 확실한 방법이다.

마지막으로, '빈 시간'을 적극 활용하자. 하루를 살펴보면, 우리가 무심코 흘려보내는 시간이 많다. 이런 '빈 시간'을 배움과 성장의 기회로 바꿔보자. 작은 습관 하나가, 누적되면 엄청난 차이를 만든다. 시간이 없는 것이 아니라, 시간을 낭비하는 패턴이 문제일 뿐이다.

그러니 오늘, 당신의 시간을 어디에 '투자'할 것인지 결정해

보자. 작은 변화 하나가, 당신의 시간 사용 방식을 완전히 바꿔
놓을 것이다.

지금 가장 중요한 한 가지를 정하고 실행하자. 그것이 바로
변화의 시작이다.

4.

관계의 마법을 경험하다

길한샘

사회적으로 여성들은 인간적이고 감정적인 차원에서 따뜻한 관계를 지향할 것이라는 기대가 있다. 그럼에도 불구하고, 몇몇 여성 리더들은 중요한 순간에 직장 내에서 관계를 전략적이고 정치적으로 활용하는 역량이 부족하다는 평가를 받기도 한다. 과연 그럴까? 솔직하게 나는 그렇다. 스스로를 내성적이고 낯가림이 심한 성격이라고 정의하기도 했고, 자연스럽에 스몰톡을 하며 타인에게 먼저 다가가는 것이 세상에서 가장 어려운 일처럼 느껴졌다. 그리고 허구한 날 커피 한잔 들고 함께 다니는 무리들을 굉장히 한심하게 생각했다.

'일 못하는 애들이 꼭 저렇게 몰려다니더라',

'쟤들은 말로 시작해서 말로 끝나네',

'담배 피우는 시간 모았으면 프로젝트 하나 끝났겠네'

이처럼 필자는 직장 내에서 관계나 네트워킹보다는 본질이라고 할 수 있는 실력을 가다듬는 것이 가장 큰 무기라고 생각했다. 그러나 소통하는 사람이 적어질수록 중요한 정보에서 소외되거나 배제되는 경우가 생겼다. 회사에서 좋은 친구를 만들 필요는 없지만, 전략적인 행동을 통해 내게 도움이 될 수 있는 인적 네트워크를 구축할 필요가 있겠다는 생각이 들었다. 그럼에도 불구하고 여성 리더들이 관계리더십과 정치력에서 종종 어려움을 겪는 이유는 다양한 사회적, 구조적 요인에서 비롯된다. 어떤 이유들이 있을까?

전략적인 관계리더십 부재의 이유?

첫 번째 이유는 바로 정치력 발휘의 경험 부족과 부정적 인식이다. 정치력은 조직 내에서 영향력을 확대하고, 목표를 이루는 데 필요한 중요 기술이다. 그러나, 여성 리더들이 조직 내 중심에서 리더십을 발휘하기 시작한 지 오래되지 않았다. 이에 비교적 정치력 발휘의 경험이 적다. 이를 극복하기 위해서는 정치력 발휘에 대한 인식부터 바꿔야 한다. 그런데 이와 같은 노력을 부정적으로 생각하는 경우도 많다.

조직 내에서 자신을 홍보하거나 성과를 부각시키는 것이 종종 '자기 자랑'이라고 생각되어 두려울 때가 있다. 또한 진정으로 존경하는 선배나 리더에게 진심을 다해 최선을 다할 때, '라인 타려고 노력하네, 너무 정치적이네'와 같은 모습으로 보일까봐 소극적으로 행동한 적이 많았다. 하지만 이런 부정적이고 소극적 인식에서 벗어날 필요가 있다.

두 번째는, 멘토가 부족하기 때문이다. 필자는 직장 내 네트워킹 활동에서 종종 소외되거나, 고위직에서 영향력 있는 멘토를 찾는 데 어려움을 겪은 경험이 있다. 특히, 전통적인 상하관계를 바탕으로 한 관계 형성, 흡연을 통한 집단 소통 문화에서 소외되는 경우가 많았다. 이는 크고 작은 정보에서 소외되는 것을 의미하기도 했다.

이렇듯 몇몇 리더들이 관계리더십과 정치력에서 부족한 점을 겪는 이유는 단순히 개인적인 문제라기보다, 전통적인 사회적 구조도 이유가 될 수 있다. 이를 극복하기 위해서는 여성 리더들이 전략적 사고와 네트워킹 능력을 키우고, 정치력을 긍정적인 리더십 도구로 활용하는 데 더욱 적극적으로 나서야 한다.

그렇다면 우리의 실력을 효과적으로 표현할 수 있는 '관계리더십' 향상을 위해 어떤 노력을 할 수 있을까?

인적 네트워크를 향상시키기 위한 우리들의 약속!

관계리더십의 성공적인 발휘를 위해서는 네트워킹 능력이 필수적이다. 네트워킹은 단순히 사람을 많이 아는 것이 아니라, 신뢰 기반의 관계를 구축하고 이를 통해 상호 지원과 협력을 얻는 것이다. 성공한 리더들은 네트워킹을 일종의 습관으로 만들어, 지속적으로 관계를 형성하고 관리한다. 네트워킹 능력을 향상시킬 수 있는 몇 가지 습관과 비결을 알아보자.

첫 번째, 각종 세미나, 커뮤니티를 활용하자!

직무 역량 강화를 위한 각종 세미나, 학회 등에 적극적으로 참여하는 것을 추천한다. 소속한 조직 내에서 루틴한 업무, 한정된 정보 안에 갇혀 있다 보면 영감과 동기부여를 얻기 어렵다. 각종 세미나, 학회, 컨퍼런스 등에 참여해서 다양한 배경을 가진 업계 전문가와 교류할 수 있는 기회를 만들어 보라고 추천한다.

그런데 많은 사람들이 이벤트나 컨퍼런스에서 만나면 그 자리에서만 관계를 맺고, 이후에는 이를 잊어버리곤 한다. 하지만 성공적인 네트워킹은 일관적인 관계 유지에서 나온다. 모임 활동 시 만난 다양한 참석자들에게 아끼지 않고 명함을 건넬 것을 추천한다. 또한 모임이 끝난 후, 메일, SNS를 통해 다시 한번 인사하는 것을 놓치지 말자. 중요한 것은 지속성이다. 주기적으로 연락을 주고받는 습관을 만들어보자. 우리는 새로운 협업의 기회를 획득할 수 있다.

둘째, 디지털 시대에 맞춰, 네트워킹은 반드시 오프라인에서만 이루어질 필요가 없다. 온라인 네트워킹 플랫폼을 적극적으로 활용하면 시간과 장소에 구애받지 않고 관계를 확장할 수 있다. 예를 들어, 링크드인과 같은 전문 네트워크 플랫폼을 통해 같은 업계의 전문가들과 연결되거나, 관심 있는 주제의 온라인 커뮤니티에서 활동하면서 관계를 쌓을 수 있다. 특히 직장 내에서 네트워크를 형성하는 것이 어려울 때, 온라인 공간을 통해 새로운 기회를 발견할 수 있다.

셋째, 취미나 관심사 공유

단순히 일과 관련된 주제뿐만 아니라, 취미나 관심사를 공유하는 것도 네트워킹을 강화하는 좋은 방법이다. 사람들은 업무 외적으로 연결되었을 때 더욱 친밀감을 느끼고, 이런 관계는 더 오래 지속되는 경향이 있다. 예를 들어, 같은 취미를 가진 직원들과 동호회를 만들어 커뮤니티에 참여함으로써 자연스럽게 관계를 형성할 수 있다.

또한, 업무 관련 세미나 및 컨퍼런스에서 만난 관심사가 비슷한 전문가들과의 만남을 중요하게 생각하라고 조언하고 싶다. 그들과 지속적 관계 연결을 위한 모임을 만들고 활동한다면 전문성 향상을 위한 인사이트 획득의 중요한 자산이 될 것이다. 필자는 HRD 세미나에서 만난 사람들과 독서 모임을 통해 인적 네트워크를 구축하고 꾸준히 전문 지식을 공유하고 있다.

넷째, 프레젠테이션, 각종 발표에 적극적으로 참여하기

네트워킹에서 중요한 것은 자신의 가치를 적절히 전달하는 능력이다. 자신이 어떤 분야에서 어떤 성과를 이뤘는지, 어떤 비전을 가지고 있는지를 명확하게 표현하는 것이 필요하다. 각종 프레젠테이션 및 발표는 여러분의 존재감과 생각, 성과 등을 표출할 수 있는 매우 좋은 기회이다. 많은 직장인들이 발표

및 행사 진행 등에 나서는 것을 매우 두려워한다. 하지만 위와 같은 공식적인 자리는 상대방이 여러분을 이해하고 찾게 만드는 기회라는 것을 잊지 말자.

네트워킹은 성공적인 여성 리더십의 중요한 도구이며, 이를 위해서는 꾸준한 노력과 습관이 필요하다. 관계를 단기적인 성과로 보지 말고, 장기적인 투자로 여겨야 한다. 이 과정에서 주변인들에게 신뢰를 쌓고, 상호 발전할 수 있는 기회를 얻게 될 것이다. 즉, 네크워킹이 내가 가진 역량을 더욱 효과적으로 표현할 수 있는 촉매제라는 것은 부정하지 말고 기억하자.

5.

몸과 마음의 균형이 만드는 성장

최인선

건강한 몸과 마음이 만드는 지속 가능한 성공

우리는 흔히 "건강은 젊을 때 당연한 것"이라고 착각한다. 하지만 건강은 단순히 오래 사는 것이 목적이 아니다. 목표를 꾸준히 추구하고 성취하기 위해서는 필수적인 기반이 된다.

많은 청년이 학업, 취업, 성장, 경제적 안정 등 눈앞의 목표를 이루기 위해 쉼 없이 달린다. 그러나 그 과정에서 건강을 소모품처럼 여기고 방치하는 경우가 많다. 만성 피로, 수면 부족, 소화 장애 등의 신체적 문제뿐만 아니라 스트레스, 불안, 우울감 같은 정신적 문제도 점점 심화된다. 이런 작은 신호들을 무시하다 보면 어느 순간, 되돌리기 어려운 상태에 이를 수도 있다.

목표를 이루기 위해 건강을 먼저 챙겨야 하는 이유

프리랜서로 일하며 하루하루 최선을 다했지만, 점점 지쳐갔다. 일도 생활도 완벽하게 해내고 싶었지만, 끝없는 책임과 압박감에 몸과 마음이 무너졌다. 어느 순간 불안과 우울이 깊어졌고, 하루를 버티는 것조차 벅차게 느껴졌다. 만성 피로와 두통으로 병원을 찾아도 뚜렷한 해결책은 없었다.

"이대로는 안 되겠다." 싶어 상담도 받고, 운동도 해보고, 주변 사람들에게 조언도 구했다. 하지만 "시간이 지나면 괜찮아질 거야" 같은 말들은 현실적인 해결책이 되지 않았다. 여러 가지 방법을 시도하던 중, 위빠사나(Vipassana) 명상을 알게 되었다.

위빠사나 명상은 '있는 그대로의 나를 바라보는 연습'이다. 과거의 후회나 미래의 불안을 내려놓고, 오직 현재의 몸과 감각에 집중하는 방식이다. 특별한 도구나 장소가 필요하지 않아 일상 속에서 쉽게 실천할 수 있다. 처음에는 어색했지만, 하루 10분씩 꾸준히 연습하자 몸과 마음이 점차 안정을 찾아갔다.

명상: 몸과 마음을 회복하는 강력한 도구

처음엔 명상이 낯설었고, 매일 같은 시간에 실천하는 것이 쉽지 않았다. 하지만 "예전의 맑고 건강한 나를 되찾고 싶다"는 간절한 마음으로 하루 10분씩 아침과 저녁에 명상을 시도했다. 하지 못한 날이 있어도 포기하지 않고 다시 시작했다. 그러자 어느 순간, 하지 않으면 허전할 정도로 습관이 되었다.

그렇게 꾸준히 실천한 결과, 신체적으로 건강을 회복했고, 정신적으로도 한층 더 안정감을 찾을 수 있었다. 이전보다 업무에 더 집중할 수 있는 에너지가 생겼고, 내 삶에서 건강이 얼마나 중요한지를 깊이 깨닫게 되었다.

명상을 실천하면 이런 변화가 온다

- 과거의 후회와 미래의 걱정에서 벗어나 '현재'에 집중할 수 있다.
- 만성 피로와 두통이 줄어들고 신체 에너지가 회복된다.
- 생각이 정리되며 목표 설정과 업무 효율이 향상된다.
- 불안과 스트레스가 줄어들며 마음의 평화를 유지할 수 있다.

명상: 몸과 마음의 건강을 지키는 강력한 도구

몸과 마음의 건강을 지키는 강력한 도구, 바로 명상이었다. 이를 실천하며 가장 큰 도움을 받을 수 있었다. 위빠사나 명상은 특별한 도구나 장소가 필요하지 않다. 단지 자신의 호흡과 몸의 감각에 집중하며, 현재에 머무는 연습을 하는 것이다. 이 명상을 통해 다음과 같은 변화를 경험했다. 과거에 대한 후회나 미래에 대한 걱정에서 벗어나, 지금 이 순간에 집중하며 불안감에서 해방될 수 있었다. 만성 피로와 두통 같은 문제가 줄어들었고, 건강한 에너지를 느끼며 신체 건강을 회복했다. 산만했던 생각들이 정리되고, 더 명확하게 목표를 설정하며 일의 질을 높일 수 있는 업무 효율이 상승되었다.

일상에서 쉽게 실천하는 명상법

명상은 일상에서 쉽게 실천할 수 있다. 다음과 같은 방법을 시도해 보자.

호흡 명상 (10분)
조용한 공간에서 눈을 감고, 자신의 호흡에 집중한다.

잡생각이 떠오르면 '호흡으로 돌아오자'라고 마음속으로 되새긴다.

감각 명상 (5분)

손끝이나 발끝에 집중하며 몸이 느끼는 감각을 관찰한다.

신체 감각을 인식함으로써 긴장을 풀고 마음을 차분하게 한다.

생각 정리 명상 (5분)

하루를 마무리하며 오늘의 감정을 돌아보고 긍정적인 마무리를 한다.

감사한 일 세 가지를 떠올리며 하루를 마감한다.

이 작은 실천이 습관이 되면 몸과 마음의 긍정적인 변화를 확실히 경험할 수 있다. 명상의 효과는 하루아침에 나타나지 않지만, 꾸준히 실천하면 지속 가능한 건강과 성공을 위한 강력한 기반이 된다.

명상을 실천하는 유명인들

많은 성공한 인물들이 명상을 통해 집중력과 창의력을 높이고 내면의 평화를 찾았다.

- 스티브 잡스: 인도 여행 중 위빠사나 명상을 접한 후, 이를 통해 창의력과 집중력을 키웠다.
- 리처드 기어: 불교 신자로서 꾸준히 위빠사나 명상을 실천하며 내면의 평화를 유지했다.

- 유발 하라리: 매년 두 달간 집중적인 명상 수련을 통해 깊은 통찰력을 유지한다.
- 오프라 윈프리: 명상을 통해 스트레스를 관리하고 삶의 질을 높였다.

이처럼 명상은 단순한 힐링이 아니라, 삶을 변화시키는 도구다.

"나는 지금 내 몸과 마음을 얼마나 돌보고 있을까? 바쁜 일상 속에서 나 자신을 챙기는 시간을 가져본 적이 있는가"

성공을 위해 달려가는 것도 중요하지만, 건강이 무너진다면 그 모든 노력이 무의미해진다. 자신의 몸과 마음을 돌보는 작은 실천이 결국 더 큰 성공으로 이어질 것이다.

오늘부터 시작해 보자.

명상은 당신의 건강한 내일을 만드는 첫걸음이 될 것이다.

6.

나비의 날개짓 : 작은 행동의 큰 영향

유미선

"목표한 것을 이룰 수 있는 가장 쉬운 방법이 뭔지 아니?
이룰 수 있는 목표를 설정하는 거야"

누구나 한 번쯤은 큰 목표를 세우고, 그 목표를 향해 나아
가는 꿈을 꾼 적이 있을 것이다. 하지만 막상 현실에 부딪히면,
목표가 크고 멀게 느껴져 좌절하고 포기하고 싶은 마음이 생
기기도 한다. 즉, 손에 쥐어지지 않는 결과물에 무기력을 느끼
게 되는 것이다. 높은 산을 한 번에 오르려는 것과 같아, 목표
달성이 어렵게 느껴지는 것이다.

필자에게는 흥미로움이 유지되는 것이 목표 달성에 중요한

요인이다. 장기적인 시야로 묵묵히 목표를 성취하기보다 즉각적인 효과를 맛보기를 원한다. 남들 다하는 주식이나 장기 플랜은 해 본 적이 없다. 이유는 간단하다. 바로 성과를 보기 힘든 상황에서 흥미로움이 극도로 떨어지기 때문이다. 당장 일어나지 않는 일에는 크게 동기부여가 안된다는 것을 스스로 인정하게 되면서 인생을 살아가는 목표를 전략적으로 생각하게 되었다.

무엇이 되겠다는 큰 포부보다 지금 당장 내가 할 수 있는 일들을 하다 보면 그 경험이 쌓이면서 무언가가 되어가는 것이라는 것을 깨달은 것이다. 세상에 수많은 변수를 어찌 감당할까, 한 치 앞을 내다보기보다 현재의 나에 집중하는 것이다. 그렇게 무언가가 되어가는 나를 그 순간순간 응원하고 지지한다.

이럴 때 필요한 것이 바로 '스몰 윈즈(Small Wins)' 전략이다. 칼 와익(Karl Weick)에 의해 개념화된 이 표현은 거대한 목표를 작은 단위의 목표로 나누어 하나씩 달성해 나가면서 성취감을 느끼고, 최종 목표 달성을 위한 동기를 유지하는 것을 의미한다. 높은 산을 오를 때, 작은 언덕을 하나씩 넘어가면서 정상에 도달하는 것처럼, 스몰 윈즈는 우리에게 꾸준히 나아갈 수 있는 힘을 준다. 칼 와익(Karl Weick)은 큰 목표 달성에 대한 부담감을 줄이고 자신감을 높이는 경험의 중요성을 말한다. 그 경험을 통한 긍정적 순환이 긍정적 변화를 이끌어낼 수 있는 강력한 동력이 되어줄 것이기 때문이다.

인지심리학자 김경일 교수도 목표 달성의 방법으로 쪼개기 기법을 제시한 바 있다. 하나의 목표를 이루려면 적어도 10개의 행동계획으로 쪼개서 하나하나 차근차근 실행해 가야지만 목표에 다가갈 수 있다는 것이다. 칼 와익(Karl Weick)이 말하는 스몰윈즈(Small Wins)와 같은 개념이다.

큰 꿈을 꾸지 말라는 것이 아니다. 이상적으로 바라는 자신의 모습을 상상해 보고 그것을 위해 필요한 작은 계획들이 무엇인지 정리해 보는 것, 그리고 차근차근 지금 당장 시도해 볼 수 있는 작은 도전들을 해보는 것, 그것이 달성되었을 때 느껴지는 성취감을 맛보는 것, 그것이 선순환되었을 때 결국 우리는 그 끝을 향해 한 걸음 더 다가갈 수 있을 것이라 생각한다.

셀프-모티베이션은 성공적인 삶을 위한 필수적인 요소이며, 스몰 윈즈는 셀프-모티베이션을 유지하고 강화하는 효과적인 방법이다. 작은 성공 경험을 꾸준히 쌓아나가면서 자신감을 키우고, 목표를 향해 나아가는 즐거움을 느껴볼 수 있다.

스몰윈즈, 꾸준함의 원동력

자신과의 싸움을 해야하는 사람들이 있다. 가장 대표적인 것이 운동선수 아닐까? 늘 경쟁에서 이겨야 하고 끊임없이 자신을 단련시켜야 하는 운동선수들에게 셀프-모티베이션은 필수 조건일 것이다.

대한민국의 국민으로서 국뽕을 마음껏 느낄 수 있도록 해주는 운동선수로, 손흥민을 빼놓고 이야기할 수 없을 것이다. 세계적 선수들과 나란히 어깨를 하며 좋은 경기를 보여주고 있는 손흥민 선수, 그의 성공에는 무엇이 작용하는 것일까? 다양한 요인이 있겠지만 필자는 스몰윈즈에 집중한다. 그는 스몰윈즈를 가장 성공적으로 실천한 대표적 인물이라고도 말할 수 있을 것 같다.

그는 어린 시절부터 드리블, 슈팅, 패스 등 기본기 훈련을 꾸준히 반복하며 실력을 향상시켜왔다. 독일 분데스리가 함브

르크 SV에 입단하던 초기 시절, 언어장벽과 문화차이로 어려움을 겪었지만, 역시 꾸준한 노력으로 천천히 팀에 적응하고 주전 자리를 꿰찼다. 부상도 많았다. 부상으로 인해 경기 출전을 못 하게 되었을 때 조급해하기보다 꾸준한 재활에 집중하고 컨디션 회복에 애썼다. 자신의 축구 테크닉에 안주하지 않고 경기전략을 이해하고 팀워크를 끌어올릴 수 있는 방법에도 끊임없이 배우고 성장했다. 그렇게 그는 토트넘 홋스퍼로 이적 후 팀의 주축 선수로 자리매김했다.

그의 꾸준히 노력해 온 과정을 보면 조급함보다는 한 단계씩 성장해 나가는 모습이 보인다. 그는 한 인터뷰에서 한순간도 피나는 노력을 게을리한 적이 없다며 자신의 노력을 자신 있게 말했다. 힘든 순간을 어떻게 극복했냐는 질문에는 미안한데 힘들다고 생각한 적이 없어서 극복할 필요가 없었다고 답했다. 몸은 고되고 고통스러웠지만 마음이 힘들기보다 자신이 노력하면 나아질 모습을 생각하며 오히려 좋았다고 말했다. 물론 효과가 바로바로 느껴지지 않았지만 그저 그 시간이 즐거웠다고 하는 그의 표정은 정말 어린아이의 미소처럼 순수해 보였다.

이것이 Winning Mentality이다. Winning mentality는

성취를 위한 강한 열망과 확신을 갖고, 어떤 상황에서도 포기하지 않고 최선을 다하는 마음가짐이다. 단순히 승리하는 것을 추구하는 것이 아니라, 승리하기 위해 필요한 것을 갖추고 끊임없이 노력하는 자세이다. 이것은 승리한 경험이 많아지면 생길 수도 있지만 이것이 있어서 더 많이 승리하게 된다고도 말한다. 그리고 많은 학자들은 스몰윈즈의 경험이 많을수록 Winning mentality를 더 탄탄하게 키울 수 있다고 말한다.

과정에 몰입하고 끝까지 해내는 힘, 끊임없이 자신을 동기부여할 수 있는 힘은 흥미에 기반을 둔 목표 설정과 노력 지속인 것이다. 따라서 자기 인식은 여러모로 중요하다. 노력을 지속할 수 있는 흥미로운 목표설정은 결국 자신에 대한 정확한 인식이 있어야만 가능하다. 현재 자신이 어떤 부분에 마음이 설렐지 지속적으로 질문하고 확인해야 한다. 그래야 적당한 목표를 세울 수 있다. 그 목표를 이룰 수 있는 적성과 강점이 있는지, 노력하면 개발 가능한 것인지 객관적 판단이 필요하다. 현재 자신의 수준과 갭 차이가 많이 나는 목표는 아닌지 구별할 수 있는 힘이 있어야 가능하다. 셀프-모티베이션은 결국 자신에 대한 인식으로부터 시작한다.

자기 인식이 뛰어난 사람

유년 시절부터 스스로에 대한 질문을 많이 던지며 살아왔다. 다른 사람들이 생각하는 나의 모습에도 궁금증이 많았다. 타인에 대한 궁금증보다 나 스스로에 대한 궁금증이 많은 사람이었고 지금도 그러하다. 그래서일까, 하고 싶은 꿈이 많았다. 어느 날은 가수가 되겠다며 온 동네 골목을 헤집고 다니면서 춤 연습을 했고, 고등학생이 돼서는 연극배우가 되겠다며 연극 공연을 참 많이도 보러 다녔던 것 같다. 대학생이 되면서 현실적인 직업에 대한 고민을 하게 되었고 어떤 것을 할 수 있을까 '진짜 고민'이 시작되었다.

결론은 승무원, 사람 만나는 거 좋아하고, 남들 앞에 서는 것에 두려움이 없으며, 누군가를 기쁘게 해주는 일이 좋았다. 더 중요한 것은 내 스스로 멋져 보일 수 있는 일, 일하는 나의 모습이 스스로 멋져 보일 수 있었으면 했다. 직업적 성향으로는 잘 맞는다는 확신이 있었고, 문제는 할 수 있냐는 것. 내가 가진 역량으로 지원할 수 있는지 분석하기 시작했고, 신체적 조건, 마인드 모두 다 충족되지만, 부족한 영어 실력만 키우면 된다는 결론에 이르렀다. 토익 550점, 당시 승무원 지원 자격조건이었다. 그 정도는 해볼 수 있지 않을까. 독하게 마음먹고 고시원에 들어가 2달간 토익에 매진했고, 결과는 550점이 훌쩍 넘는 600점 초반대 점수, 이제 모든 준비는 끝났다. 직업 특성상 대면 면접이 중요했기 때문에 면접 연습도 최선을 다해 승무원이 되기 위한 노력을 했다.

결과는 불합격, 내 생애 마지막 승무원 임원 면접에서 받은 피드백은 영어 실력이 부족하다는 점, 서비스 경험이 부족하다는 지적을 받았고 불합격을 직감할 수 있었다. 그 길로 종로3가로 향해 영어 실력을 더 키워야겠다 생각하여 토익 공부와 회화 공부를 다시 시작한다. 그리고 서비스 경험과 실무영어 실력을 키우기 위해 들어간 곳이 호텔. 이곳이 내 인생의 첫 직장이 되었다. 그렇게 내 적성에 딱 맞는 직업을 만났고 온갖 어려운 상황과 쪽팔림 순간의 연속이었지만 꽤 잘 성장할 수 있었다.

호텔 특성상 육아와 병행이 어려운 Shift 근무의 한계를 느껴 퇴사를 결심하게 되었다. 지금 당장 내가 할 수 있는 것이 무엇일까 고민했고, 서비스 접점에서의 전문성을 기반으로 대중 앞에 서는 것을 두려워하지 않는 점을 고려하여 강사라는 직업에 도전했다. 처음엔 할 수 있는 강의부터 시작하여 다양한 학습자를 만나는 것을 목표로 내가 가장 잘할 수 있는 콘텐츠와 학습자 타겟팅을 연구하였다. 이후 모든 콘텐츠를 리더십으로 마무리하는 나의 모습을 발견하였고, 이 분야 대한 확신이 들면서 대학원에 진학하여 리더십전문가로 성장해 왔다. 논문을 쓰고 난 후 글쓰기에 자신감이 생겨 책을 출간하게 되었고 그렇게 벌써 4번째 책에 도전하고 있다.

현재 자신에 대한 명확한 자기 인식, 그것을 통한 작은 도전 즉, 스몰윈즈를 꾸준히 조금씩 조급해하지 않고 실행해 가면서 나는 지금 무언가가 되어가고 있다.

스몰윈즈로 큰 결과를 만들어가는 힘

스몰윈즈를 통해 얻을 수 있는 효과는 우선, 자신감 향상이다. 작은 성공 경험은 나도 할 수 있다는 자신감을 주어 그다음 단계에도 도전하고 싶은 모티베이션이 가능해진다. 큰 목표를 세분화하여 마치 게임의 퀘스트를 깨듯이 하나하나 실천해 나가는 과정에서 셀프-모티베이션이 유지될 수 있다. 이러한 선순환 과정은 큰 목표에 대한 부담감을 줄여주고, 효율적으로 목표를 달성할 수 있도록 도와준다. 당연히 긍정적인 감정이 유발되고 다음 목표를 향해 힘차게 나아갈 수 있도록 동력을 준다.

최근 트랜드 중에 루틴만들기는 전형적인 스몰윈즈의 예시이다. 일상의 사소한 행동들을 루틴으로 설정해 놓고 매일 매일 실천해 가는 요즘 젊은 친구들의 트랜드가 기특하면서도 한편 씁쓸하기도 했다. 저성장시대를 살아가는 청년들이 일상에 성취를 느낄 수 있는 기회가 얼마나 부족하면 이러한 트랜드가 생겼을까 하는 마음이 들었다. 무료한 일상이 아닌 스스로 무언가를 꾸준히 해나가는 모습에서 작은 성취를 느끼는 그들의 마인드가 멋지다. 참으로 똑똑한 친구들이 아닌가. 일상의 활력이 삶의 동력을 만들어준다는 사실을 인식하고 외부 환경이 제한되고 어렵더라도 스스로 동력을 만들어가는 모습에 무한한 리스펙을 보내고 싶다.

인생이 무기력하고 도전하기가 두려울 세가 어디 있는가. 나를 움직일 수 있는 힘에 지속성을 부여하고 싶다면 첫 번째, 외부적인 요인이 아닌 내 안의 내부적 요인에서 그 방법을 찾기를 바란다. 무엇이든 내가 선택하고 내가 설정하고 내가 노력해서 얻는 결과를 보았을 때 더 큰 성취감과 뿌듯함을 느낄 수 있다. 명확하고 날카로운 자기 인식을 통해서 자신의 현재를 들여다보아야 한다. 그리고 한 발 앞으로 나아갈 수 있는 작은 목표를 세워보기를 바란다.

두 번째, 결국 가고자 하는 큰 목표가 있다면 지금 당장 그 목표를 최소한 10개로 쪼개보자. 그리고 지금 당장 할 수 있는 것부터 하나하나 실천해 보자. 다른 목표가 중간에 생길 수도 있다. 그러므로 현재 순간순간에 최선을 다하고 그 순간의 베스트를 선택해 나가면서 성장하는 자신의 모습을 마주해보기를 바란다. 그렇게 조금씩 무언가가 되어가는 자신을 알아봐 주길 바란다.

제5장

선택과 집중

1.

흔들리는 마음에도 선택은 있다

유아미

커피를 즐겨 마시지만, 커피 전문점에 들어설 때마다, 머릿속에서 끊임없는 작은 전투가 펼쳐진다. '아메리카노냐, 카페라떼냐? 이 선택이 오늘 하루의 기분을 좌우할까?' 아메리카노의 깔끔한 맛에 끌리지만, 카페라떼의 부드럽고 달콤한 맛도 포기할 수 없다. 특히 아침에 이미 커피를 마신 상태라면, 카페인이 상대적으로 적다고 생각되는 카페라떼에 손이 갈 수도 있다. 짧은 순간에도 머릿속을 오가는 수많은 생각들이 선택을 더 어렵게 만든다.

친구와 카페에 갈 때면, 커피 선택은 마치 정해진 루틴처럼 느껴진다. 우리는 오늘은 뭘 마실까? 묻고는 '아메리카노와 카페라떼'라고 동시에 외친다. 커피 주문은 마치 우리만의 비밀 암호처럼 느껴진다. 두 종류의 커피를 즐기며 옆 테이블을 흘 끗 보니, 블루베리 요거트가 눈에 띈다. '어, 맛있어 보이네. 다 음엔 저걸 먹어봐야겠다.'라고 생각하며, 선택 후 어딘가 아쉬 운 마음이 스친다.

다시 카페를 찾을 때도 어김없이 같은 고민이 반복된다. 블 루베리 요거트냐 요거트 아이스크림이냐의 딜레마는 어느새 또다시 아메리카노냐 카페라떼냐의 선택지로 축소된다. 그러기 에 이번에는 카페를 가기 전에 종이에 무엇을 먹을지 리스트를 적어보려고 한다. 달달한 카라멜마끼야또, 아포카토, 아니면 유자차 등등 리스트를 다 적었더니, 무엇이 먹고 싶어졌는지 명 확해졌다. "좋아, 이번엔 이걸로 하자!".

선택과 호기심: 더 넓은 시야로

우리는 매일같이 수많은 선택의 갈림길에 서 있다. 인생은 수많은 갈림길로 가득하며, 반드시 두 가지 선택지 중 하나를 선택해야 하는 것은 아니다. 선택지가 좁아지면 결정은 쉬워 지지만, 단지 쉬운 결정을 위해 선택지를 좁히고 있지는 않은가?

혹시 우리는 두 가지 중 하나만 선택해야 한다는 고정관념에 사로잡혀 있었던 것은 아닌가?

자신이 선택의 폭을 스스로 제한하지 않았는지 되돌아볼 필요가 있다. 혹시 쉽게 결정하려 주변의 가능성을 무시하고, 가장 손쉬운 선택만을 추구한 적은 없는가? 다양한 상황과 문제에 대해 호기심을 품고 깊이 고민해 보자. 이러한 호기심과 관찰은 우리의 선택의 폭을 넓혀주며, 후회 없는 결과를 가져올 가능성을 높여준다.

대학원에서 진로와 관련된 수업을 들으면서 알게 된 이론이 있다. 그것은 계획된 우연이론이다. 이것은 우연히 발생한 일이 나의 진로 결정에 긍정적으로 적용되는 경우를 말하며, 내 일상에서 경험하는 일들을 나의 진로 자원으로 만드는 것을 의미한다. 특히 우연을 기회로 만드는 호기심은 새로운 진로를 탐색하게 하고, 더 넓은 시야를 열어주는 원동력이 된다.

호기심의 대마왕 스티브 잡스는 대학을 중퇴한 후 인도 여행을 통해서 혁신적인 제품을 개발할 수 있었다. 그전에 경험하지 못한 환경에서 더 넓은 시야로 세상을 바라보았고, 그 결과 예상치 못한 기회를 잡을 수 있었다. 스티브 잡스가 우연히 발견한 기회를 혁신적으로 바꿀 수 있었던 것은 그가 늘 호기심을 가지고 새로운 시도를 했기 때문이다. 그것은 그에게 새로운 가능성을 열어주는 중요한 열쇠가 되었을 것이다.

후회 없는 선택을 위해, 다양한 가능성에 호기심을 가지고 열린 마음을 가져라. 호기심은 새로운 자극에 노출될 때 자연스럽게 발생하며, 우리가 이미 알고 있는 것과 알고자 하는 것의 차이에서 비롯된다. 이는 인지적, 사회적, 정서적, 심리적 발달에 도움을 줄 뿐만 아니라, 지적 탐구를 통해 우리의 능력을 향상할 수 있다(Lowenstein, 1994). 이를 통해 우리는 더 나은 미래를 만들어 나갈 수 있다.

Rollo May는 호기심이 우리의 경험을 확장하고, Eleanor Roosevelt는 '미래는 꿈의 아름다움을 믿는 사람의 것'이라 했다. 미래의 나에게 질문을 해라. 5년 후의 나는 어떤 선택을 했을까? 그러면 더 넓은 시야로 지금을 판단할 수 있을 것이다.

더 넓은 선택의 폭을 만들어라.

대학생들과의 수업을 하는 중, 갑자기 휴식 시간이 되어 태블릿을 손에 쥔 학생들이 펼치는 밸런스 게임을 지켜보았다. 그들은 마치 '인생의 기로에서 선택을 내리는 수수께끼'를 푸는 듯 진지하게 고민하고 있었다. 그들은 "어색한 친구와 좋아하는 음식 다 먹기 vs 친한 친구와 싫어하는 음식 다 먹기", "월요일 공강 vs 금요일 공강", "하루 시험 4개 vs 종강 후 리포트 4개"와 같은 선택지 사이에서 고민하며 시간을 보내고 있었다. 두 가지 대안 사이에서 고민하는 모습이 특히 인상적이었다.

처음에는 '왜 우리는 두 가지 선택지에만 국한되어야 할까?'라는 의문이 들었다. 하지만 학생들의 열띤 게임 참여를 지켜보면서 그 의미를 조금씩 이해하게 되었다. 특히, 두 번째 밸런스 게임에서는 드라마 속 남자 주인공을 고르는 미션이 주어졌는데, 작가는 마음속에 송준기와 차은우 중에서 선택해야 한다고 생각했다. 그런데 결국 안효섭을 선택하는 모습을 보며, 만약 주인공 후보가 달랐다면 아마 다른 결과가 나왔을지도 모른다는 생각이 들었다. 왜 우리는 두 명 중에서만 선택해야 하는 것일까? 이런 고민과 아쉬움이 남았다.

그 순간, 내가 내린 선택이 잘못된 걸까? 내 선택에 미련을 두기 시작했다. 그러면 지금의 선택에 집중하지 못하고, 자꾸 후회만 하게 된다. 그럴 때일수록, 더 넓은 선택의 가능성을 생각해 보자. 왜 꼭 두 가지 중에서만 선택해야 할까? 다른 대안은 없을까? 자신에게 더 많은 관심을 기울이고, 다른 것들에 호기심을 가져보자. 그러면 더 넓은 시야로 바라보면 마음에 여유도 생기고, 후회도 줄어든다. 그러나 무한한 여유를 가질 순 없다. 그래서 "15분 규칙"을 활용하는 것이 중요하다. 제안된 시간에 집중해서 고민하면, 의외로 답을 쉽게 찾을 수 있을 것이다.

선택의 결과가 항상 최선은 아니다.

증권사에서 근무할 당시, 필자의 별명은 '초긍정 마인드'였다. 어느 날 팀장님이 "초는 빼고 긍정마인드만 유지하자"라고 하신 말씀이 떠오른다. 매사 웃으며 실패를 두려워하지 않았고, 새로운 기회를 늘 긍정적으로 받아들여, 본사 HRD 관련 부서로의 이동을 결심했다.

그러나 새로운 환경에서 교육프로그램 개발과 지점 교육 업무는 예상보다 훨씬 어려웠다. 같은 팀의 신입 직원은 이미 관련된 외부 교육과 자격증을 통해 빠르게 업무에 적응해 나갔다. 반면, 예상치 못한 최악의 상황 속에서도 버티고, 1개월 만에 팀원들 앞에서 교육 시연을 성공적으로 마무리했다. 이 노력 덕분에 신입생 교육의 만족도에서 1위를 기록하며 성과를 올릴 수 있었다. 그러나 회사의 급격한 환경 변화 속에서 나는 새로운 업무에 배치되어야 했다. 이번에는 고객지원센터 VOC 팀으로 옮기게 되었고, 이전과는 전혀 다른 환경에서 새로운 도전에 직면하게 되었다. 매뉴얼 작업, 불만고객 응대 등 이론적으로만 강의했던 내용들을 실전에서 경험하게 되었다. 놀랍게도, 이 경험은 나중에 카페를 운영하면서 실제로 많은 도움이 되었다.

내가 내린 선택이 늘 정답이 아닐 수도 있다. 때로는 환경이 바뀌며 정답이라고 믿었던 선택이 달라지기도 한다. 선택의 순간 우리는 종종 최악의 상황을 염두에 두고 불안해하거나 초조해하기도 한다. 그러나 최악의 상황에서도 스스로 해결책을 찾아가는 과정이 중요하다. 결과가 아름답지 않다고 해서 과정이 아름답지 않은 것은 아니다. 꼭 현재의 결과가 만족스럽지 않더라도, 그것이 미래의 결과를 결정짓지는 않는다.

Loewenstein, G. (1994). The psychology of curiosity: A review and reinterpretation. *Psychological Bulletin, 116*(1), 75–98. https://doi.org/10.1037-0033-2909.116.1.75

흔들리는 마음에서 최선의 선택할 수 있는 꿀팁!
(선택과 집중)

1. 선택지를 종이에 적어라.

: 선택지를 종이에 적으면 스스로를 객관화할 수 있고, 상황을
더 명확히 파악할 수 있다.

2. 미래의 나에게 질문을 하라.

: 5년 후의 나는 어떤 선택을 했을까? 미래의 관점에서 바라보
면 더 넓은 시야로 판단할 수 있다

3. 집중 또 집중! 15분의 규칙을 활용하라.

: 고민이 길수록 혼란이 커진다. 제한된 시간 안에 집중하면 의
외로 답이 쉽게 떠오를 것이다.

4. 결과에 연연하지 말고, 과정에 집중하라.

: 결과가 만족스럽지 않아도, 그것이 미래를 결정짓지 않는다.
과정에서 배우고 성장하는 것이 더 중요하다.

2.

인생은 빨간 머리 앤처럼

남계윤

"인생은 B (Birth, 탄생) 와 D (Death, 죽음) 사이의 C (Choice, 선택)이다."

프랑스 철학자 장 폴 사르트르의 말로 알려진 말이다. 우리는 살아가면서 수많은 선택을 하고, 그 선택에 맞는 행동과 태도로 살아가게 된다.

선택에 정답은 없다.

"학원은 언제부터 보내야 할까요?"

상담을 하다보면 자주 듣는 질문이다. 대부분 학원에 자녀를 보내는 학부모는 본인이 가르칠 능력이 없어서가 아니가 '공부까지 신경 쓰느라' 아이와의 관계가 나빠질까 봐 선택하는 거다. 반대로 '자녀와 더 오랜 시간 소통하고 싶어서' 학습을 직접 지도하기를 선택하는 부모도 있다. 선택에 정답은 없다. 하지만 선택했다면 그 일에 최선을 다하자.

첫 번째 자녀의 학습지도를 직접 하기로 했다면, 규칙성을 갖고 아이와 약속한 시간과 요일을 지켜 공부가 습관이 되도록 지도해야 한다. 또 하나 팁은 "책상 위가 이렇게 지저분한데 공부가 되겠니?" 같은 일상과 학습을 연계하는 잔소리는 금물이다. 경험으로 알게 된 사실 하나는 아이들이 학년이 올라갈수록 엄마 말이 잘 안 들린다는 거다. 필자의 추측으로는 실제로 안 들리는 것이 아니라 엄마 말이 길어지면 엄마 목소리는 자동 차단되게 진화(?)하는 것 같다. 엄마가 같은 목소리로 학습지도를 하면 어릴 때, 말 잘 듣고 똘똘하던 내 아이가 유독 학습에서 내 말을 이해하지 못 하는 것이 납득이 되지 않는다. 이해를 못하는 것이 아니라 안 들리는 거다. 그러니 선생님 역할과 부모 역할을 잘 구분 지어야 한다.

둘째로 아이의 학습을 지도할 기관 혹은 개인을 찾아 위임했다면 학습을 제외한 부모 역할에 충실하자. 대부분의 엄마가 직장에 다니다 보니, 자녀와 충분히 소통하고 대화할 시간이 부족한 경우가 많다. 소중한 그 시간을 학습 완료 체크하는 데 쓰지 말자는 거다. 학습을 위임함으로 확보한 시간에 아이가 학교생활과 일상에 잘 적응하고 있는지, 친구 관계는 어떤지 관심과 격려를 보내는 것을 잊지 말아야 한다. 칭찬은 고래도 춤추게 하니까.

어떤 선택에 100 : 0은 없다고 생각한다. 49 : 51 중 조금이라도 더 마음 가는 51을 선택한 후 다른 선택지에 대한 미련은 버리고 현재의 선택에 집중하고 몰입하자. 결과는 다양한 모습으로 나타날 수 있다. 계획한 일을 전면 수정해야 할 수도 있고, 스스로 잘 할 수 있는 방법을 개발해 발전할 수도 있다. 다 괜찮다. 중요한 것은 어떤 선택을 했든 열린 마음으로 최선을 다해 몰입하는 것이다.

예상 밖의 선택에서 의미를 발견하다.

"다행이네요, 우린 여자아이를 데려오는 게 아니니까요."
마릴라는 마치 우물에 독을 타는 건 여자아이나 저지를 일이지, 남자아이는 염려할 필요도 없다는 듯이 말했다.

"난 여자아이를 키울 생각은 꿈에도 해 본 적 없어요."

소설 빨간 머리 앤에서 마릴라는 남자아이를 원했지만 여자아이인 앤을 양육하게 된다. 처음에는 이 선택이 부담스럽고 원하지 않은 일이었지만 시간이 흐르면서 마릴라는 앤과 함께하는 삶을 통해 성장하고, 이전에 상상하지 못한 행복을 발견하게 된다. 꿈꾸던 일이 아니라도, 예상치 못한 선택이 오히려 더 큰 의미와 성장을 가져다줄 수도 있다는 것을 기억하자.

"전, 지금 어느 때보다 포부에 차 있어요. 제 포부를 바꾼 것 뿐이예요. 전 좋은 선생님이 되고, 또 아주머니의 시력을 잃지 않게 할 거예요. 게다가 이 집에서 독학으로 대학 과정을 조금씩 공부할 거예요. ⁽중략⁾ 퀸즈를 졸업할 때의 저의 미래는 제 앞에 곧게 뻗어 있었어요. 그 길을 따라가면 많은 이정표를 볼 수 있으리라고 생각했죠. 이제는 그 길에 모퉁이가 생겼어요, 그 모퉁이 길에 무엇이 있는지는 저도 몰라요. 하지만 가장 좋은 일이 기다리고 있을 거라고 믿을 거예요,"

앤이 에이버리 장학금을 받아 대학 진학 준비를 할 때, 앤의 영원한 지지자인 매슈 아저씨가 전 재산을 넣어둔 은행의 파산 소식에 심장마비로 돌아가시고, 설상가상 마릴라 아주머니가 실명 위기에 있어, 초록 지붕 집을 팔 수밖에 없다고 했을 때, 앤은 대학을 포기하고, 에이번리에 남아 아이들을 가르치고, 독학으로 대학 과정을 공부하면서 아주머니 곁에 남기로 결심한다. 밖에서는 앤이 학업을 포기한 것처럼 보였지만, 앤은 자신이 사랑하는 집과 아주머니를 지키며 본인이 꿈꾸던 미래도 포기하지 않을 수 있는 방법을 계획한 것이다.

대학에서 공학을 전공한 필자도 전공을 살려 일하고 싶었지만, 현장에서 남자 직원을 선호하는 분위기로 인해 취업 실패의 좌절을 겪었다. 결국 학원 강사라는 직업을 선택하였고, 30년이 훌쩍 지난 지금까지 학원에서 일을 하고 있다. 처음부터 이일이 너무 재밌거나 보람 있진 않았지만, 시간이 지나며 학생들과의 교감을 통해 일에서 의미를 찾고 자신만의 전문성을 쌓았다. 오늘도 오랜 시간 한 가지 일을 함으로 생긴 노하우를 장착하고 매일매일 학생들과 만나는 일이 보람 있고 재밌다.

위 이야기들의 공통점은 무엇일까? 바로 처음에는 예상치 못했던 선택이 결국 삶의 중요한 전환점이 되었다는 것이다. 이상과 목표를 가지는 것은 중요하지만, 때로는 계획대로 되지 않을 수도 있다. 새로운 길을 받아들이는 유연함을 가지길 바란다. 새로운 시작은 미약해 보여도 그 과정에서 쌓이는 경험과 노하우는 언젠가 큰 힘이 될 것이다.

작은 시작이 중요하다.

살다 보면 삶에서 많은 변화와 도전이 찾아오는 시기에, 때로는 몸과 마음이 지쳐 막막하게 느껴질 수도 있지만, 작은 용기와 꾸준한 노력이 놀라운 변화를 가져올 수 있다.

필자가 삼십 대 초반 건강에 이상이 생겨, 조혈모세포 이식을 하게 되어 수술 후 2년 정도 무균실과 집을 오가며 투병 생활을 했다. 면역력이 떨어져 집에만 있을 때, 꽝장히 막막했다. 하지만 어느 정도 몸이 회복되어 일상이 가능해지자 조심스레 일을 시작해 볼까? 하는 용기가 생겼다.

그때 선택한 것이 출퇴근 시간에 제약이 없고 일하는 시간을 자율적으로 조율할 수 있는 집에서 하는 과외였다. 하지만 여전히 일반인에 비하면 면역기능이 약하니 온 가족이 반대했다. 필자는 수업을 하게 됨으로써 얻을 수 있는 여러 가지 긍정적인 측면들, 예를 들면 아이들로부터 긍정의 기운도 얻고, 할 일이 있다는 것만으로도 활력과 보람이 생길 것 등을 어필하여 가족들을 설득했다. 원래 소심하고 주장하는 것도 없는 성격인 데다, 간호하느라 고생한 보호자들의 말을 어기고 고집을 피울 수도 없는 입장이었다.

여기서 잠깐, 앤의 수정된 계획이 설득력을 가질 수 있었던 이유는 평소 표현력이 좋은 앤이기도 하지만 앤의 상황이 마릴라 아줌마에게 베푸는 입장이어서가 아닐까 생각한다. 필자는 가족들의 보호를 받고 있는 입장이라 강력한 의견 제시는 힘든 상황이어서 필자가 선택한 계획은 바위에 계란 물 입히기였다. 바위에 계란을 던져도 바위가 깨지진 않겠지만, 지속적으로 툭툭 던져서 바위 색깔을 바꾸는 방법이다. 2~3개월 간격으로 "생각해 봤는데, 나 과외 해볼까?" 했다. 매번 안 된다는 답이었지만 꾸준히. 말 꺼낸 지 거의 1년 만에 수업을 시작하게 되었다.

식탁에서 딱 4명만 수업하기로 했는데, 학생 수가 늘어나니, 또 "생각해 봤는데, 나 상가를 얻어 나가서 수업해 볼까?"를 두세 달 간격으로 던지듯 꾸준히 졸라서 상가를 얻어 나왔다. 그 후로도 서너 번의 확장과 이전을 했지만 그때마다 안정된 상태를 버리고 새로운 시도를 하고 싶어 하는 나를 가족들은 이해하지 못했고, 여전히 전사처럼 맞서 싸워 쟁취하는 건 못하는 나는 소심하게 나만의 방법 "생각해 봤는데"로 시작했다. 해서 필자의 집에선 필자의 생각이 시작될까 봐 조마조마해한다. 하하.

필자의 소심한 시작이 없었으면 지금처럼 자신감 있는 삶도 없었을 것이다. 새로운 시도나 변화가 두렵다면 필자처럼 소심하게 "생각해 봤는데~"라는 말로 주변 사람들에게 작은 변화를 선언하고 시작해 보자. 자신의 작은 시작과 용기가 스스로의 삶에 큰 변화를 만들어 줄 것이다.

3.

후회해서 뭐 할 건데?

이정윤

본인은 운 좋게 책을 쓰게 되는 프로젝트에 들어오게 되었다. 사실 시작은 우연히였다. 하지만 지금은 운이 좋았다고 생각한다. 왜냐하면 살면서 어떤 선택들을 해왔고, 집중을 하기 위해 어떻게 했었는지, 책을 쓰는 시간 동안 본인을 오랫동안 되돌아볼 수 있는 시간이 되었기 때문이다. 스스로 대견하기도 하고, 아쉬웠던 부분들을 깊숙이 들여다볼 시간이 얼마나 되겠는가! 이 모든 시간에 감사한다.

본인이 일을 잠시 내려놓고 쉬고 있을 때, 가끔 찾아뵙고 인사드리는 스님께서

" 정윤 보살~ 대학원에 지원해서 공부를 해봐!"

" 예?? 스님 저한테 왜 그러세요. 하하하"

'살아오면서 선택하는 많은 것들은 우연일까? 필연일까?'
이런 생각들이 그리 중요하지 않을 수도 있겠지만 본인의 모든
선택들은 필연 같기도 우연 같기도 한 선택의 연속이었다.

나는 선택을 했고 고로 집중을 한다.

스님과 농담처럼 주고받던 말에 대학원을 알아보게 되었다.
숙명여대 경영대학원에 원서를 냈고, 합격했다.

'우와, 살면서 이런 일도 생기는구나.' 경영대학원 합격에 그
저 감탄을 쏟아냈다. 그런데 본인은 지금 숙명여대 커리어개발
학과 리더십교육을 전공하고 있다. 이건 또 뭐지 싶겠지만 경영
대학원을 원서를 내고 결과를 기다리는 중에 커리어개발학과
리더십교육이라는 학과를 우연히 보게 되었다.

'아! 이거다.'

이런 생각도 잠시 고민이 되기 시작했다. 공부의 필요성을 느낀 경원대학원이냐, 평상시에 본인이 진짜 알고 싶었던 리더십이냐! 사실 오랜 고민은 하지 않았지만, 후자를 선택했다. 본인이 늘 찐~하게 알고 싶었던 분야였다. 사실 이 리더십교육 전공이 있는 줄 몰랐고, 알게 돼서 더 깊은 끌림이 있었는지도 모르겠다.

스님께서 하신 그 한마디에 여러 선택의 순간이 있었다. 또 학과를 정하는 것도 선택의 연속이였다.

"이제 큰 선택은 끝났다. 집중해서 달려보자!"

기꺼이 열공에 의지를 불태우기를 겁내지 않았던, 도전이 막 시작되었다. 40대 후반의 선택이 쉽지 않았고 더군다나 경북 경산에서 매주 주말 서울을 올라간다는 건 쉬운 선택이 아니었다. 어려운 선택이니만큼 본인의 선택이 나쁘지 않았다는 것을 증명해 내야 한다.

그렇게 시작된 대학원 생활은 즐겁기도 하고 뭔가 마음을 꽉 채워가고 있는 느낌마저 들었다. 그러던 중 쟁쟁한 선배님들께서 계획을 하신 이 책쓰기 프로젝트에 참여했다. 1학기가 끝나고 방학 중에도 서울을 와서 프로젝트에 참여했다. 그런데 2학기 시작이 가까워 오자 고민이 생기게 되었다. 새로운 일을 시작하게 되었는데 업무량과 업무에 필요한 공부를 해야 했다. 그런데 그 내용들이 대학원 수업에 버금 가는 수준의 양이였다. 일과 학업, 책쓰기 프로젝트 모두 다 해낼 수 있을까? 오랜 고민 끝에 본인은 빼기를 선택했다.

집중은 더하기가 아니라 빼기다.

우리는 흔히 뭔가를 잘하려면 뭔가를 더 해야 한다고 생각하게 된다. 자신이 갖지 못한 것 때문에 스스로 잘하지 못하는 건가라는 생각으로 빠지기 때문이다. 하지만 반대로 너무 많이 가졌기 때문에 오히려 빼야 하는 것이 더 큰 도움이 될 때가 많다. 짐을 더 많이 실은 트럭이 짐을 적게 실은 트럭보다 더 큰 에너지를 쓰고 더 많은 차량 부품들이 소모가 되듯이 빼지 않고 계속 더하기만 한다면 에너지는 금세 바닥이 날 것이다. 집중할 때도 마찬가지다.

재미있고 신박한 강의로 유명한 김경일 교수님의 유튜브 영상 중에 이런 내용이 있다.

　"'집중하다'를 영어로 하면 'pay attention to'다. pay는 '지불하다'는 뜻이다. 집중하기 위해서는 우리는 자신이 가진 어떤 것을 지불해야한다. 이 말을 다시 하면 가진 게 없다면 집중할 수도 없다는 뜻이다. 우리가 어떤 일에 집중할 수 없는 이유는 지불할 수 있는 자원이 없다. 즉 피곤하다는 것이다. 피곤은 정신적 자원이 고갈 상태이다. 피곤하면 집중하지 못한다. 그래서 컨디션을 좋게 만들어야 한다. 그런데 피곤하지 않을 때도 집중을 못 할 때가 있다. 왜일까? 다른곳에 집중하고 있기 때문이다." …… 생략.

　에너지가 분산되어 여러 가지로 신경 쓸 일이 많아지면 에너지 소모가 많다. 시쳇말로 '급피로'와 '개피곤' 상태가 된다. 그에 따른 정신적 육체적 고갈이 올 것이다. 그렇기 때문에 에너지를 쓸 곳을 줄여야 한다. 이것이 바로 '집중은 더하기가 아니라 빼기'인 이유이다. 본인 또한 에너지를 분산시키지 않기 위해 빼기를 해야 한다고 판단했다. 하겠다고 시작한 일을 관둘 순 없었다. 그 일은 시작 때 주말까지 반납해야 될 만큼 일이 많지만 어느 정도 시간이 지나면 시간적 여유가 생기는 일이라 생각이 자연스레 학업을 한 학기만 내려놓자! 쪽으로 기울게 되었다.

집중이 흐려지기 시작한다면 나에게 동기부여를 해줄 수 있는 멋진 베프를 만들어보자.

'G선상의 아리아'는 본인의 흐트러진 집중력을 다시 모아주는 좋은 도구였고 동기부여를 해주는 멋진 베프였다. 왜냐면 그 음악에 기대어 울어도 보고 다시 힘을 얻을 수도 있었기 때문이다.

'G선상의 아리아'는 대부분의 사람들이 아는 멋진 클래식이다. 본인이 이 음악에 큰 감동을 받은 이유가 있다. 대학원 입학을 생각조차 하지 않았던 때이다. 온라인 판매를 오랫동안 해오던 친한 대표님께서 의류 온라인 판매를 진행하려는데 같이 해보지 않겠냐는 제안을 하셨다. 경험 많으신 대표님의 제안이기도 했고, 온라인 판매에 대한 새로운 도전이라 호기심 반 해보고 싶은 마음 반으로 흔쾌히 제안 주신 걸 감사히 받아들였다. 온라인 판매를 위해 쇼핑몰과 플랫폼 쇼핑몰에 제품을 올리기 위한 여러 단계들을 구축해야 했다. 온라인 판매는 처음이다 보니 생각보다 준비가 힘들었고 새로운 도전에 대한 설렘과 기대감을 잘해보고 싶다는 의지로 굳혀보려는 단계였다. 아침 별을 보고 출근했고 깊은 밤 달을 보고 퇴근했다. 노동의 강도, 시간 따위는 본인에게는 전혀 일의 방해 요소가 아니었다.

그럼에도 여러 가지 일들로 힘든 시간의 연속이었다. 여지없이 힘든 집안일과 중학교 생활을 적응 못 해서 방황하던 작은 아들로 인해 집중이 살짝 흐려지려고 하고 있었다. 그때 'G선상의 아리아'에 관한 일화를 우연히 글로 보게 되었다.

어느 날, 파가니니라는 음악 천재가 음악 애호가들이 모인 연주회장에서 연주회를 했다. 그러나 불행하게도 연주 도중에 줄이 하나 끊어져 버렸다. 하지만 파가니니는 아랑곳하지 않고 남은 세 줄을 가지고 계속 연주를 해나갔다. 그런데 조금 지나 또 한 줄이 끊어졌다. 그리고 또 한 줄이 끊어졌다. 이젠 줄이 하나 밖에 남지 않았다. 4개의 줄로 연주해야 하는 바이올린의 세 줄이 끊어져 나가다니….

이쯤 되면 청중들은 음악을 즐기러 온 본인들보다 연주가인 파가니니가 처한 불행한 순간에 대해 연민이 생겨났을 것이라는 생각이 든다. 그러나 그는 청중들을 바라보고 잠시 음악을 멈추더니 남은 한 줄을 가지고 'G선상의 아리아'를 완벽하게

연주한 것이다. 바로 이 사건이 그를 유명하게 만들었다

바이올린에는 4줄이 있다. 가장 낮은 줄은 G선이다. 때론 G선만 가지고도 아주 훌륭한 곡을 연주해 낼 수가 있다. 각자가 어떤 일은 선택하고 그 일을 멋지게 해내고 싶어 집중하고 있는 그때, 마치 기다렸다는 듯이 찾아오는 여러 가지 집중을 깨는 요소들…. 그건 나를 무너지게 하기 위해 만든 신의 장난이었을까? 나를 성장시키기 위해 만들어놓은 신의 선물이었을까? 파가니니가 바이올린 현이 끊긴 그 순간을 좌절하고 남은 1줄을 핑계로 연주를 포기하지 않은 걸 감사하게 생각한다. 그의 집중을 깨지 않았던 선택이 결국 그를 유명하게 만들게 된 신의 선물이 된 듯하다.

바이올린의 상징과도 같은 4개의 줄 중에 모두 끊어지고 가장 낮은 G 선만 남았을지라도 포기하지 않고 집중한다면 우리는 'G선상의 아리아'와 같은 아름다운 음악을 만들어 낼 수 있으리라!

본인의 집중력이 흐트러지는 모든 힘든 순간 늘 함께했던 그리고 지금도 함께하는 'G선상의 아리아'의 일화처럼 목표나

꿈을 향해 걷는 발걸음에 방향을 잃지 않게 하는 멋진 베스트 프랜드를 만들어보자. 그것이 음악이든 책이든 곁에 두고 언제라도 힘을 얻어 다시 집중할 수 있도록 해보자. 한발 더 나아가 내가 선택하고 집중하는 목표나 꿈을 이룬다면, 당신은 'G선상의 아리아'가 본인에게 준 동기부여를 누군가에게 주게 될 것이라 생각한다.

이도준 님의 저서 《내가 꿈을 이루면 누군가의 꿈이 된다》의 제목처럼 당신이 이룬 꿈과 목표가 누군가의 꿈을 이루는 동기부여가 된다면 그보다 더 값진 일이 있을까 한다. 그러기 위해선 앞서 이야기한 것처럼 본인의 선택을 믿고, 집중을 위한 에너지를 분산시키지 말아야 한다. 열정을 지불할 에너지를 여기저기 흩트려놓지 말고 최대한 모아서 꿈과 목표를 이룩시키는 데 성공하길 바란다.

선택 후 집중을 위한 깨알 팁!

1. 수많은 고민 속 선택을 했다면 후회는 절대 도움이 되지 않는다:

그 선택이 나에게 어떤 미래를 안겨줄지에 대한 기대감으로 앞으로 나아가야 한다.

2. 집중은 더하기가 아니라 빼기다:

에너지를 분산시키지 말자. 집중해야 할 때 내려놓을 수 있는 것들이 무엇인지 파악하고 빠르게 결정하라. 그리고 선택한 것에만 집중하라.

3. 집중이 흐려진다면 힘을 다시 모을 수 있는 동기부여가 될 만한 것을 만들어보자:

음악이든 책이든 운동이든 곁에서 나의 선택에 동기부여를 해줄 만한 것을 만들자.

곁에 있는 지인이나 친구도 좋겠지만, 나에게 짧은 시간 빠른 동기부여를 원한다면 집중을 위한 베스트 프랜드는 책이나 음악이다.

4.

돌아보지 마!

박혜성

"미래는 뒤를 돌아보는 사람에게 있지 않다.
앞을 향해 걸어가는 사람에게 있다."

– F. 스콧 피츠제럴드

　우리는 매 순간 선택이라는 갈림길에 서 있으며, 그 선택에
따라 삶의 방향이 달라지기도 한다. 삶의 방향을 바꾸는 선택
은 때로는 한 권의 책일 수도 있고, 누군가의 조언일 수도 있
다. 혹은 유튜브의 한 편의 쇼츠나 인스타그램의 릴스일 수도
있다. 이처럼 어떤 순간에 어떤 선택을 하게 될지는 예측할 수
없으나, 당신이 그 선택에 얼마나 집중하고 몰입했는가에 따라
결과가 달라지기도 한다. 선택은 단순한 의사결정 이상의 의미

를 가지며, 스스로가 삶을 어떻게 개척해 나가는지를 결정하는 중요한 원동력이다. 따라서 신중해야 하고 여러 가지 선택지 중에 이왕이면 가슴 뛰게 하는 선택을 해야만 하는 이유이기도 하다.

그렇다고 선택만 하면 모든 것이 끝나는 것일까? 신중하게 선택한 이후에는 이 선택이 올바른 선택이었는지 다른 선택지가 더 나은 선택이었을지 고민하지 말아야 한다. 돌아보지 않고 집중해서 앞으로 나아가는 능력이야말로 원하는 성과에 도달할 수 있는 지름길인 것이다. 돌아보지 않겠다는 것은 당신의 선택에 후회하지 않겠다는 의미이고, 그 선택에 대한 책임을 지겠다는 의미이다. 또한, 앞으로 나아가고자 할 때 발생할 수 있는 수많은 걸림돌들에 무심할 수 있으며 스스로를 합리화하는 데에도 꽤 효율적인 전략일 수 있다. 돌아보지 않겠다는 것은 결국 집중하기 위한 첫 시작점인 것이다.

필자의 삶에서 방향을 바꾸게 된 중요한 세 가지 선택이 있다. 첫 번째는 부서 이동, 두 번째는 공부, 세 번째는 퇴사를 들 수 있다. 선택 이후에 돌아보지 않고 앞만 보고 달려온 세월들이 쌓이다 보니 지금은 해당 분야의 전문가로서 인정받을 수 있는 위치에 도달해 있다. 숙고한 끝에 선택을 했다면 스스로를 믿고 앞으로 나아가면 된다. 다른 선택을 해서 다른 부러운 인생을 살고 있었을지도 모른다는 후회는 필요 없다. 지금 한 선택에 최선을 다하면 되는 것이다. 달리 특별한 비법이라든지 요령이 필요한 것이 아니다. 돌아보지 않고 나아가는 것부터가 시작이고 그 시작이 있어 원하는 목표에 도달하게 되는 것이다.

새로운 선택 후에는 뒤를 돌아보지 말아라.

선택의 순간은 불안과 두려움을 동반하지만, 중요한 것은 선택 후 과거를 돌아보며 후회하지 않고 앞으로 나아가는 것이다. 선택은 결과로 증명되며, 그 증명을 만들어가는 것은 자신의 집중과 노력에 달려 있다.

금형 회사에 입사한 이후, 회계 부서에서 설계부서로의 이동을 선택하게 되었다. 사각형의 쇳덩어리가 복잡한 형상으로 가공되는 모습을 보고 호기심을 가지게 된 것이 시작이었다. 회계 업무는 적성에 맞지 않았다. 근무 중 횡령의 충동을 여러 번 느꼈었고, 이는 남의 돈을 관리하고 운용하는 일이 나에게 적합하지 않았다는 확실한 증거였다. 부서 이동은 하마터면 횡

령범이 될 뻔한 위기에서 스스로를 구한 탁월한 선택이었던 것이다.

부서를 옮긴 후 CAM(밀링 머신, 선반, 로봇과 같은 제조 장비를 프로그래밍하는 데 사용되는 소프트웨어)을 배우기 위해 부단히 노력했다. 당시에는 적당한 교육 프로그램이 없어 막히는 부분이 생기면 거래처 직원을 찾아가 궁금증을 해결하곤 했다. 그때의 힘든 과정에서 얻은 기능들은 나만의 노하우로 쌓여, 가공을 아는 설계자로서의 입지를 다질 수 있었다. 설계에서 가장 중요한 것은 가공 방법에 대한 이해인데, 이 시기에 쌓은 경험이 자연스러운 노하우로 남았던 것 같다.

물론, 그 과정에서 어려움이 없었던 것은 아니다. 특히 여성이라는 이유로 억울한 일을 겪기도 했다. 담당자인 필자를 무시하고 남자 직원과 이야기하겠다는 거래처 직원이 있었는데, 그는 문제의 본질을 이해하지 못하면서도 여성이기 때문에 알지 못할 것이라는 편견에 사로잡혀 무례하게 남자 직원만을 찾았다. 결국 거래처 사장님과 직접 통화해 문제를 해결하긴 했지만, 억울한 마음에 그 사람과 계속 부딪혀야 된다면 회사를 그만두겠다는 통보를 하고야 말았다. 이후 대표님의 압박과 거래처 사장님의 판단으로 거래처 직원은 퇴사하게 되었지만, 이 사건은 아직도 필자가 '여자'라는 단어에 예민하게 반응하는 이유가 되었다. 그렇다고 상심해서 선택에 대한 후회를 하거나 다른 선택지를 고민하지는 않았다. 돌아보지 않고 더욱더 매진하여 그런 의심조차도 하지 못하게 만들어버리겠다는 각오로 매사에 집중하였다.

그러나 자랑스러운 성과도 있었다. 회사에서는 CAM 담당자가 없어 모든 작업을 외주로 처리하고 있었는데, 필자가 네트워크를 설치하고 CAM 프로그램을 지원할 수 있는 환경을 만들었다. 이를 통해 외주 처리 없이도 문제를 자체 해결할 수 있게 되었고, 자연스럽게 회사에서의 입지가 강화되었다. 대표님이 나에 대해 그 사람은 '천재'라고 칭찬했다는 이야기를 들을 때마다, 그 선택 후 돌아보지 않고 집중하여 성과를 이루어냈다는 자부심에 그동안의 서러움이 모두 상쇄되고도 남음이 있었다.

얼마 전, 이력서를 업데이트하면서 이 일을 20년 넘게 해왔다는 사실을 깨닫고 스스로도 놀라게 되었다. 그 선택의 순간으로부터 20년이 흘렀던 것이다. 돌아보지 않고 집중해서 달려

오다 보니 대학에서 학생들을 가르쳐달라는 요청도 받게 되었는데, 이 역시 내게는 또 하나의 중요한 선택이었다. 처음에는 현장에서만 일해온 내가 과연 학생들을 제대로 가르칠 수 있을까 하는 두려움이 있었지만 선택을 한 이상 뒤를 돌아보지 않기로 했다. 매 순간 수업 준비에 온 힘을 다했고, 학생들에게 더 나은 교육을 제공하기 위해 내가 가진 모든 노하우를 아낌없이 쏟아부었다. 현장에서 얻은 경험이 학생들에게 새로운 길을 열어줄 수 있다는 믿음으로 집중한 결과 학생들의 진로상담 요청이 쇄도하게 되는 보람도 생겼다.

새로운 선택 앞에서는 항상 불안과 두려움이 따랐다. 하지만 매번 선택 후 뒤를 돌아보지 않고 앞으로 나아가겠다는 결심이 지금의 나를 만들었다고 믿는다. 한 번 내린 선택이 완벽하지 않을 수도 있다. 하지만 그 선택을 완벽에 가깝게 만들어가는 것은 결국 선택 이후의 행동과 태도에 달려 있다. 20년 전 부서 이동을 선택하며 내렸던 결심과, 학생들을 가르치는 선택을 하며 다짐했던 마음가짐이 다르지 않듯 중요한 것은 뒤를 돌아보지 않고 최선을 다하는 것이다. 어떤 선택이든 돌아보지 않고 집중했던 자세가 삶을 이끌어 온 원동력이었고, 앞으로도 그러할 것이다.

과거의 미련 대신 미래의 목표에 집중하라.

중요한 선택을 할 때, 가장 먼저 해야 할 일은 과거의 미련을 버리고 앞으로 나아갈 목표에 집중하는 것이다. 선택 후에는 두려움과 불확실함이 있더라도 돌아보지 말고 자신의 길을 만들어 나가는 것이 중요하다.

직장 생활을 하면서 40세에 공부를 다시 시작하게 되었다. 21살에 결혼을 일찍 하면서 학업에 대한 미련이 남아 있던 터에, 가족들의 적극적인 지지와 응원 덕분에 고민 없이 시작할 수 있었다. 100세 시대에 대비하기 위한 방편과 여성 리더로서의 우월성을 입증하고 싶은 욕구로 공부를 선택하였고, 돌아보지 않고 경주마처럼 달려온 세월이 어느새 또 15년이나 흘렀다. 사실 처음에는 적극적으로 지지했던 가족들조차도 끝나지 않을 것 같은 공부에 고개를 내젓고 있지만, 아직도 진행 중인 공부는 아마도 평생 내려놓지 못할 것 중 하나가 될 것 같다. 이렇게 말하면 가족들이 다시 한번 고개를 설레설레 흔들며 투덜댈지도 모르겠다. 그러나 이러한 가족들의 투덜거림도 감내할 수 있을 만큼, 집중할 수 있다는 것은 큰 기쁨이며, 시간의 흐름을 빠르게 전환시키는 마법과 같은 효과가 있다.

회사생활과 병행하여 공부를 한다는 것은 필연적으로 주어진 책임 중 어느 한 부분을 소홀히 하게 될 수밖에 없다. 공부를 시작한 이후로 집안일은 자연스럽게 가족들의 몫이 되었으니 말이다. 한 사람의 성장이 오롯이 그 개인의 노력만으로 이루어진다고 말할 수 없는 이유는, 눈에 보이지 않는 도움들이 분명 존재하기 때문이다. 이를 굳이 비율로 따지자면, 50% 이상은 지지자들의 지원과 응원 덕분이었다고 말할 수 있을 것이다.

공부를 하면서 만난 동기들과 선후배들과의 교류 역시 빼놓을 수 없는 자랑거리 중 하나이다. 학업과 일을 병행하며 함께 힘들게 공부했던 동기들은, 비록 지금은 서로가 바빠 교류의 횟수가 줄어들었지만, 함께 성장해 가고 있다는 자부심의 공유는 여전히 계속되고 있다. 또한, 지도 교수님의 요청으로 후배들의 논문 지도를 맡게 되면서 막중한 책임감을 느끼게 되었고, 주저 없이 앞으로 나아가야 할 이유도 생겼다. 함께 공부하며 성장해 나갈 수 있다는 것은 큰 축복이 아닐 수 없다.

"우리는 매 학기마다 샤넬백을 머리에 넣고 있는 중이에요."

대학원 후배가 한 말인데, 이 말이 은근 웃기기도 하고 멋진 사람이 된 것 같은 착각에 자뻑의 나락에 빠져들고 말았다. 또한, 선·후배가 모여 진행하고 있는 여성 작가 프로젝트는 여성 리더로서 성장의 발판이 되고 있다. 매달 모여 스터디를 하고 자료를 모으며, 어제보다 더 나은 자신을 만들어가고 있다는 설렘이 첫 필자로서의 두려움을 상쇄시키고 있다. 북콘서트에서 멋진 드레스를 입는 그날까지 우리는 계속해서 나아가고 있는 중이다. 여성 리더십 작가가 되기를 선택했고, 돌아보지 않고 집중하다 보니 어느새 투고를 목전에 두고 있다. 고민 끝에 선택했다면, 돌아보지 말고 집중하라. 식상한 이야기일 수 있지만, 그런 시간들이 쌓여 당신을 멋진 사람으로 만들어줄 것이다.

돌아갈 길을 끊고, 앞만 보고 전진하라.

중요한 선택은 언제나 두려움을 동반하지만, 돌아갈 길을 끊고 앞으로 나아갈 각오가 없다면 진정한 변화는 이루어지지 않는다. 선택한 길 위에서 흔들리지 않고 나아가는 것, 그리고 그 선택을 스스로 옳은 길로 만들어가는 것이 리더로서의 성장과 성공을 결정짓는다.

박사과정을 진행하며 회사 생활을 병행하는 것이 점점 어려워져 결국 퇴사를 선택할 수밖에 없었다. 프리랜서로의 전향은 변동적인 수입에 대한 두려움을 동반했지만, 지금은 오히려 그러한 문제를 스스로 해결할 수 있는 사람이 되었다. 물론 고정비용과 매출, 그리고 운영 리스크로 인해 불안한 순간들은 늘 존재하지만, 그와 비례하여 시간을 유동적으로 활용할 수 있다는 점은 큰 장점이라 할 수 있다.

회사에 다니며 여러 가지 일들을 동시에 병행했을 때는 시간에 쫓겨 놓치는 일들이 많았다. 많은 것들이 회사라는 우선순위에 밀려났고, 특히 임금 수준이 기대에 미치지 못해 불만스러웠다. 중소기업에서 오랜 시간 근무하면서 느낀 가장 큰 불만은 바로 '가장페이'였다. 능력이 뒤처지지 않음에도 불구하고, 여성이라는 이유로 임금 수준에서 남성을 월등하게 뛰어넘지 못한다는 사실이 자존감에 상처를 남기곤 했다. 아직도 우리 사회의 가부장적 문화는 깊이 뿌리내려 있음을 실감하며 좌절할 수밖에 없었다. 그러나 일한 만큼의 인정을 받을 수 있다는 점은 프리랜서로서 누릴 수 있는 가장 큰 장점이라 할 수 있다.

그러나 한편으로는 업무 과다도 주의해야 할 점인데, 직장 생활을 할 때도 필자는 일을 너무 많이 하고 있지 않나 하는 생각을 자주 했었다. 설계는 '앉아서 하는 노가다'라고 이야기 할 정도로 엉덩이가 무거워야만 버틸 수 있다는 얘기가 있을 정도다. 그런데 사업을 하다 보니 밤을 새우는 일이 잦아졌고, 직장 생활에 비해 훨씬 더 많은 일을 하고 있다는 사실을 깨닫 게 되었다. 납기를 맞추는 것은 고객과의 신뢰를 쌓는 중요한 과정이기에 납기에 쫓겨 밤을 새우게 되면서 스케줄 관리에 어 려움이 생기기 시작했다. 따라서 주도적이고 세밀한 시간 관리 가 절실히 요구되는 상황이 되었다. 직장 생활을 하면서도 새 벽 운동을 한 번도 빼먹은 적이 없었는데, 프리랜서로 전향한 이후에는 과로가 축적되어서인지 운동이 우선순위에서 점점 밀려나게 되었다. 그때 깨달았다. 돌아보지 않는 결심과 집중이 성공의 원동력이라면, 자기 자신을 돌보는 것은 그 성공을 지 속할 수 있는 기반이라는 것을.

숙고 끝에 선택하였는가? 그렇다면 그 선택을 잘한 선택이 되게 만들기 위한 전략도 필요하다. 우선순위를 정해서 세밀하 게 움직일 필요가 있고, 지금 현재 스스로의 위치를 파악할 수 있어야 한다. 작은 목표를 쌓아가는 것도 중요하지만 큰 목표

아래에서 관리해 나가야 한다는 것을 늘 염두해 두어야 한다. 발차기를 만 번 하더라도 그 발차기의 목적을 잊어서는 안 된다는 것이다.

돌아갈 수 있는 다리를 끊었는가? 그렇다면 후회하지 않겠다는 다짐, 당신의 선택에 대한 책임을 다하면 된다. 그 과정에서 발생하는 잠시의 일탈과 탈선은 즐겨도 좋다. 그러한 경험들이 쌓여 당신이 되는 것이다. 돌아보지 않겠다는 다짐 아래에서는 언제든 원상회복의 명분은 살아 있으니까.

> **지금 당신은 어떤 선택의 갈림길에 서 있습니까?**
>
> 1. 새로운 선택을 했는가? 뒤를 돌아보지 말고 앞으로 나아가라.
> 2. 과거의 실패나 미련에 얽매여 있는가? 이제는 미래의 목표에 집중할 때다.
> 3. 돌아갈 길을 열어두고 있는가? 과감히 끊고 전진하라. 성공은 그 발끝에서부터 시작된다.

5.

커리어와 삶을 이끄는 선택의 힘

이슬안

'3포(데이트, 결혼, 출산), 5포(데이트, 결혼, 출산, 집, 커리어)'

포기하는 세대

헬조선, 88만 원 세대, 수저 계급으로 불리는 우리가 맞닥뜨린 세상은 내가 스스로 선택한 것이 아니다. 눈을 떠서 태어난 순간, 그저 이미 펼쳐진 세상이었을 뿐이다. 마치 객관식 시험에서 선택권조차 없이 누군가 미리 정답지를 정해 놓은 듯한 기분이다. 금수저가 아닌 채 태어났고, 눈을 뜨고 보니 내가 속한 세대는 '모든 것을 포기한 세대'는 오명을 쓰고 있다.

우리는 이 혼란한 시대를 어떻게 헤쳐 나가야 할까? 가혹한 현실 속에서 생존하기 위해 우리는 어떤 선택을 해야 하며, 그 선택을 어떻게 가치 있게 만들어야 할까? 주어진 환경을 탓하기보다는 현재 우리가 할 수 있는 최선의 선택을 하고, 그 선택을 최대한 의미 있게 만드는 데 집중해야 한다. 결과적으로 우리의 삶은 선택 후 행동과 태도에 의해 형성되기 때문이다. 처음부터 완벽한 선택은 존재하지 않는다. 선택의 결과는 우리의 노력과 실행에 따라 달라질 수 있다. 결국, 어떤 선택이든 완벽하게 만드는 것은 우리 자신의 몫이다.

선택의 순간: 나만의 기준으로 길을 찾는다

가만히 숨만 쉬어도 선택의 기회가 제한되는 시대 속에서 우리는 종종 한 번의 선택이 인생을 송두리째 바꿀 수 있다는 믿음에 사로잡혀 포기하거나 안주하곤 한다. 그러나 현실을 직시하고, 스스로 가치 있게 만들어 나가야 한다. 태어나면서 주어진 귀속 지위 속에 머물러 있던 우리는 20대에 접어들며 새로운 성취 지위를 선택할 기회를 맞이한다.

대학 진학은 지난 10년간의 삶을 대변하는 중요한 이정표이자, 성실히 걸어온 노력이 빚어낸 결실이다. 물론 대학 서열화라는 사회적 구조로 인해 선택이 제한되었을 수도 있지만, 그 선택이 곧 삶의 끝을 결정짓는 완결된 결과는 아니다. 오히려 대학은 새로운 출발점이며, 앞으로의 태도와 노력에 따라 자신만의 가능성을 열어갈 수 있는 무한한 기회의 장이다.

입학한 대학은 단지 출발점일 뿐이다. 선택은 언제든지 바꿀 수 있으며 무한한 기회가 남아 있다는 점을 기억해야 한다. 만약 눈앞에 놓인 객관식 선택지에 답이 없거나, 자신에게 맞지 않는 선택들만 남아 있다면, 과감히 그 선택지를 버리고 주관식으로 새로운 길을 채워 나가도 좋다. 어떤 선택을 할지, 아니면 어떤 답을 써 내려갈지는 결국 스스로 결정하면 된다.

선택은 우리 삶의 방향을 결정짓는 중요한 순간이며, 때로는 실패처럼 보이는 선택이 오히려 성공으로 이어지는 발판이 되기도 한다. 세계적인 토크쇼 진행자 오프라 윈프리는 그 대표적인 사례다. 그녀는 커리어 초반, 볼티모어에서 뉴스 진행자로 활동하며 부진한 성과로 프로그램에서 해고되는 좌절을 겪었다. 이는 그녀의 감정적이고 공감 어린 뉴스 스타일이 당시 전통적인 뉴스 포맷과 맞지 않았기 때문이었다. 하지만 이 실패는 단순한 끝이 아니었다. 오프라는 이를 통해 자신의 강점을 깨닫고, 기존의 틀을 뛰어넘는 새로운 선택을 하게 된다.

그녀는 언론인이라는 첫 번째 선택을 자신의 방식으로 재해석하며 토크쇼라는 새로운 길을 열었고, 'The Oprah Winfrey Show'를 통해 세계적인 성공을 거두었다. 이 사례는 우리가 내리는 선택이 때로는 실패로 느껴질지라도, 그 선택을 어떻게 바라보고 활용하느냐에 따라 완전히 다른 결과를 만들어낼 수 있음을 보여준다.

첫 번째 선택이 완벽하지 않다고 해서 주저하지 말아야 한다. 그 선택이 나에게 어떤 교훈을 주며, 또한 어떤 새로운 선택의 길을 열어줄지는 아무도 알 수 없다. 완벽한 선택을 만들어가는 과정은 오직 당신의 노력에서 출발한다. 완벽한 선택을 향한 꾸준한 노력이야말로 우리가 마주한 현실을 의미 있게 바꾸는 열쇠다.

프레임의 힘: 나를 위한 최고의 선택을 만드는 법

우리가 흔히 알고 있는 프레임(Frame)은 '틀' 또는 '뼈대'를 의미하지만, 조지 레이코프가 제시한 프레임 이론(Frame Theory)에서는 이를 '특정한 언어와 연결되어 연상되는 사고의 체계'로 정의한다. 우리가 듣고 말하며 생각할 때, 머릿속에서는 항상 프레임이 작동하고 있다. 즉, 프레임은 언어와 사고의 관계를 설명하는 중요한 개념으로, 우리가 세상을 인식하고 이해하는 방식을 결정짓는 기본적인 틀이라 할 수 있다.

프레임을 가진다는 것은 자신이 무엇을 중요하게 생각하는지 알고, 그 가치를 고수한다는 뜻이다. 나의 사소한 기호에서부터 가치관, 나아가 세계관까지 포괄하는 프레임은 새로운 선택의 갈림길에서 결정을 더욱 수월하게 만들어준다. 이렇게 차곡차곡 쌓여온 나만의 프레임은 올바른 선택을 내리는 기준이 되며, 자아실현과 자기 주도적인 삶을 살아가는 데 중요한 자원이 된다.

프레임은 단순히 주어진 것이 아니라, 자기 탐색과 가치 정립, 목표 설정, 자기표현, 그리고 다양한 경험을 통해 만들어진다. 이러한 과정을 거쳐 만들어진 나만의 프레임은 인생에서 마주하는 선택의 순간마다 방향을 제시하는 나침반처럼 작용한다.

프레임은 개인의 삶에 일관성을 부여하며, 선택의 순간마다 고민을 줄여주는 중요한 도구가 된다. 자신의 프레임이 명확하다면, 적합한 길을 더욱 확실히 찾아낼 수 있다. 이는 특히 20 대처럼 수많은 갈림길에 서는 시기에 더 큰 의미를 가진다.

프레임은 고정된 것이 아니다. 경험과 학습, 변화하는 환경에 따라 프레임은 성장하고 확장될 수 있다. 나만의 프레임을 지속해서 탐구하고 발전시켜 가며, 선택의 순간에 자신만의 길을 개척해 나가자. 프레임이 발전하면 단순히 올바른 선택을 하는 것을 넘어, 자신만의 독창적이고 주체적인 삶을 만들어갈 수 있다.

결정의 순간: 나만의 선택 공식 '프레임'

20대의 나는 수많은 선택지 앞에서 방황하기도 하고, 때로는 치열하게 도전하여 나름의 성취를 이루어냈다. 대학 생활은 자유와 기회로 가득했지만, 졸업을 앞두고 한국의 냉혹한 취업 현실이 두려움으로 다가왔다. 대기업에 들어가거나 전문직으로 성공하지 않으면 실패로 여겨지는 분위기 속에서, 나는 해외로 떠나는 대학생 중 한 명이 되었다.

시간은 멈추지 않고 흘렀고, 세상의 기대와 시선은 끊임없이 나를 쫓아왔다. 나름 준비를 하고 떠났지만, 해외에서의 첫 커리어는 마치 거센 풍랑 속의 작은 배처럼 위태롭게 흔들렸다. '한국을 떠나면 없던 꿈도 생기겠지'라는 막연한 기대를 안고 시작한 해외 생활은 생각만큼 낭만적이지 않았다. 더 많은 시간과 에너지를 쏟아 일하고 공부하며, 나라를 옮길 때마다 낯선 문화와 언어에 적응하는 고된 과정을 반복해야 했다.

한국이 그리울 때도 있었지만, 여전히 흔들리고 있는 나 자신을 다시 치열한 경쟁 속으로 던져 넣는 것은 두려웠다. 그렇게 숨 가쁘게 달려온 20대의 끝자락에서 마침내 한국행을 선택했다. 조금은 단단해진 내 모습을 한국에서 마주할 준비가 되었다고 믿었다.

한국으로 돌아와 출근할 곳도, 만날 사람도 없던 나는 매일 아침 눈을 뜨면 뉴스를 보고, 책을 읽고, 카페에 가거나 홀로 영화를 보며 나만의 시간을 보냈다. 그러던 어느 날, 다이어리를 펼쳐 그날의 할 일을 적는 대신, '나'에 대해 써보기로 결심했다.

20대 동안 쉼 없이 달려온 커리어의 공통점을 찾고, 나의 기호들을 정리해 나가기 시작했다. 내가 좋아하는 책, 커피, 색

깔, 영화, 취향, 일하는 이유, 중요하게 여기는 가치들, 그리고 앞으로의 계획을 적어 가면서, 과거의 나와 비교 할 때 새로운 발견들이 있음을 깨달았다. 이 과정을 통해 내가 중요하게 여기는 가치와 생각들이 더욱 명확해졌고, 이는 한국에서 다시 시작한 커리어의 기준이 되어주었다.

30대에 접어들며 결혼과 육아와 같은 중요한 결정을 내릴 때, 나는 흔들리지 않았다. 여의도에서 일하던 중 남편을 따라 갑자기 지방으로 내려가게 되었고, 출산과 육아로 커리어가 멈추는 순간에도 내 중심을 잃지 않았던 이유는 20대에 내린 선택들이 만들어낸 나만의 프레임 덕분이었다. 그때 쌓은 경험과 가치가 나를 지탱해 주었고, 어떤 상황에서도 내가 나아갈 방향을 잃지 않도록 도와주었다. 내 프레임 안에서 가장 중요하게 여겼던 '안정된 가정'이라는 기준은 아이들과 남편 곁에서 맡은 역할을 다하며, 다가올 내일을 준비하는 시간으로 그 공백기를 채울 수 있게 해주었다.

결혼과 육아를 경험하면서, 이제 내 선택은 더는 개인적인 문제가 아니라 가족 전체에 영향을 미치는 일이 되었다. 선택의 무게와 복잡함은 더욱 커졌지만, '나'에서 시작해 '우리'와

'모두'로 확장되는 유기적인 프레임 덕분에 우선순위를 정하고 한 걸음 내딛는 일이 한층 수월해졌다. 이 프레임은 나의 선택을 일관되게 만들어주었고, 선택 이후에도 심리적 안정을 안겨주었다.

프레임은 선택의 순간마다 우리에게 흔들리지 않는 기준을 제시한다. 명확한 프레임을 갖춘다면 우리는 다양한 상황 속에서도 일관된 결정을 내릴 수 있다. 나만의 프레임은 매일의 선택을 더 명료하고 효율적으로 만들어주며, 선택을 통해 더 많은 에너지를 느끼고 성취감을 얻게 해준다.

프레임은 한 번 정립되면 정체된 것이 아니다. 그것은 우리의 경험과 성장에 따라 확장되고 발전한다. 프레임이 확립되면 불확실성에 대한 불안감이 줄어들고, 우리는 더 주체적이고 의미 있는 선택을 할 수 있다. 프레임은 예상할 수 없는 미래와 수많은 선택의 갈림길에서 우리가 나아가야 할 방향을 제시한다. 그것은 단순한 기준을 넘어, 나의 가치와 신념을 반영한 삶의 지도이기도 하다.

완성된 프레임은 이제 세상을 담아내는 도구가 되어, 자신이 선택한 삶과 그 기준을 보여준다. 이제 여러분의 프레임을 만들 차례다. 매일의 선택 속에서 자신만의 기준을 하나씩 쌓아보라. 시간이 지나 당신의 프레임이 완성되었을 때, 세상은 당신이 만들어낸 틀 안에서 더 의미 있고 아름답게 펼쳐질 것이다.

의미를 만드는 선택들

매일 아침 눈을 뜨며 시작되는 행동 패턴, 직장에서의 의사결정, 인간관계에서의 태도와 같은 사소한 선택들이 사실 우리의 프레임을 형성하는 중요한 기반이 된다. 예를 들어, 매일 자기 전에 일기를 쓰는 습관은 자신을 되돌아보게 하며, 반성을 통해 성장하는 가치관을 만들어낸다. 업무에서 책임감 있게 행동하는 작은 선택들이 쌓이면, 이는 나의 프레임 안에 '책임감'이라는 강력한 기준을 수립하게 된다.

일관된 선택들은 반복될수록 우리의 인생에 변화를 가져온다. 사소했던 행동들이 우리의 사고방식을 변화시키고, 나아가 가치관이 되어 선택의 우선순위를 정하는 데 중요한 역할을 하게 된다. 매월 한 번씩 참여하는 독서 모임은 단순한 취미를 넘어서 자기 계발을 중요한 가치로 여기는 프레임을 더욱 단단하게 만들어준다. 이처럼 일상의 작은 선택들이 쌓여 나만의 프레임을 형성하고, 그것이 세상을 바라보는 독창적인 시각을 만들어낸다.

프레임은 하루아침에 완성되지 않는다. 매일 반복되는 사소한 선택들이 모여 우리의 사고방식과 행동을 형성하며 서서히 완성된다. 중요한 것은 현재의 선택들이 나의 장기적인 목표와 가치에 부합하는지 지속해서 점검하는 것이다. 이러한 점검을 통해 일관성 있는 선택을 유지할 수 있으며, 이는 더 나은 방향으로 나아가는 강력한 동력이 된다.

자신만의 프레임으로 삶을 설계하다.

작은 선택 하나하나가 당신을 어떤 사람으로 만들어가는지를 되돌아보자. 선택은 그 자체로 즐거운 경험이 될 수 있다. 당신의 선택이 새로운 기회를 열고, 밝은 미래로 이어질 가능성을 발견할 때, 선택의 순간은 단순한 행동을 넘어 삶을 만드는 과정임을 깨닫게 될 것이다. 주위를 둘러보자, 선택의 순간들이 당신을 기다리고 있다.

현재의 선택들이 나만의 프레임을 형성하고 있다. 이 프레임은 세상을 바라보는 자신만의 독특한 시각을 제공하며, 인생의 길을 걷는 데 기준이 되어줄 것이다. 당신의 선택이 가져다줄 새로운 기회와 빛나는 가능성을 믿어보자.

커리어 개발을 위해 자신의 프레임을 만드는 구체적인 방법은 강점과 목표를 기반으로 차별화된 이미지를 구축하고, 커리어 성장에 맞는 전략을 세우는 것이다.

1단계: 내 강점과 매력 분석	자신이 잘하는 것과 좋아하는 것을 목록으로 작성 나를 표현하는 데 중요한 가치를 작성 예: 자기 계발, 책임감, 리더십 　　자신을 설명하는 3~5개의 키워드 찾기
2단계: 목표와 방향 설정	장기 목표와 단기 목표를 명확히 작성하기 예: SNS에서 팔로워 1만 명 달성 (단기), 　　작가로서 책 쓰기 (장기).
3단계: 나만의 스토리 발견	내가 누구인지 보여줄 스토리텔링 나만의 경험, 도전, 성장 이야기
4단계: 꾸준한 자기 계발	매력적인 프레임을 유지하기 위해 자신의 능력 향상하기 독서, 워크숍, 트렌드 분석 등을 통해 성장.

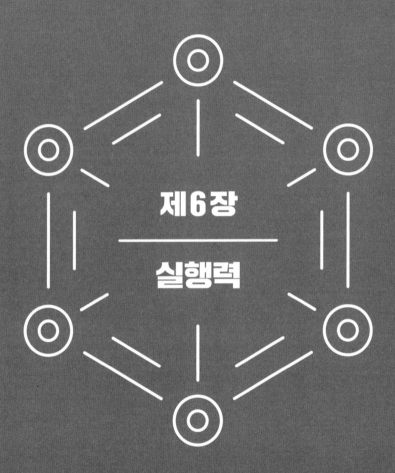

제6장

실행력

'실행력 버튼' ON : 작은 시작, 큰 변화

이슬안

지금 우리 앞에 놓인 '실행 버튼'을 누르는 것은 결코 쉬운 일이 아니다. 올바른 선택이 무엇인지, 지금이 적절한 시점인지, 혹은 이미 늦은 것인지에 대한 다양한 생각이 머릿속을 스친다. 그러나 모든 시도는 분명한 흔적을 남긴다. 이 흔적들은 모여 경험이 되고, 그 경험들은 미래의 성장을 위한 실행력에 힘을 더해준다.

실행은 단순한 결정을 내리는 것 이상의 의미를 지닌다. 이는 우리의 삶을 한 단계 앞으로 나아가게 하는 중요한 출발점이 된다. 겉보기에 쓸모없어 보이는 도전조차도 장기적으로 예상치 못한 놀라운 기회를 열어줄 수 있다. 도전을 위한 완벽한 조건은 결코 찾아오지 않으므로, 지금 행동해야만 미래를 바꿀 수 있는 완벽한 타이밍을 만들어낼 수 있다.

"행동은 두려움을 없애고, 실행은 자신감을 만든다."

– 노먼 빈센트 필

　기억 속에 떠오르는 한순간이 있다. 그날, 하숙집 대문 옆 우편함에서 다른 학생의 토익 성적표를 우연히 발견했을 때의 일이다. 아무런 생각 없이 지나치려 했지만, 그 성적표 앞에서 발걸음이 멈췄다. 나는 한참 동안 그 성적표를 응시했다. 취업난에 대한 걱정이 끊임없이 떠오르던 시기에, 현실은 잊고 자유와 행복을 추구하던 내 모습이 너무도 부끄러웠다. 누군가는 이렇게 치열하게 살아가고 있다는 사실이 마음을 먹먹하게 했다.

　그 후로 나는 대학교 도서관에 자주 가기 시작했고, 책을 읽으며 나의 부족함을 메우기 위해 노력했다. 다시 공부를 시작했고, 어느새 세상의 변화에 동참하고 싶은 열망이 커져갔다. 변화가 필요했다. 매일 반복되는 일상에서 벗어나 진정 원하는 삶을 살기 위해 큰 결단을 내리기로 했다. 어학연수 자금을 모으기 위해 아르바이트를 하며, 서울 강남의 유학원을 찾아 상담을 받기 시작했다. 수많은 고민 끝에 휴학을 했고, 마침내 14시간의 긴 비행을 끝내고 뉴질랜드에 도착했다. 그 순간, 나는 나의 첫 '실행력 버튼'을 누른 것이다. 그리고 이 시작이 내 인생의 전환점이 될 것이라는 사실을 그 당시에는 알지 못했다.

해외에서의 생활은 처음에는 모든 것이 낯설고 어려웠지만, 시간이 지나면서 점점 쉬워졌다. 호주로 워킹홀리데이를 떠났고, 인도 델리에서 해외봉사를 하며 겨울을 보냈다. 3학년 때는 미국으로 교환학생을 가게 되었고, 미국 플로리다 디즈니월드에서 인턴으로 근무했다. 이렇게 단 한 번의 실행 버튼 클릭이 나의 20대를 배우고 일할 기회로 만들었으며, 덕분에 전 세계를 돌아다니게 해주었다. 시행착오도 겪었고, 실패의 쓴맛도 경험했지만, 그 와중에 느낀 희열과 이러한 경험들은 독보적인 자산이 되어 지금의 나를 만들어주었다.

도전하지 않으면 아무 일도 일어나지 않는다.

우리는 모든 것이 가능한 시대에 살고 있으며, 사회 초년생들은 자신의 목표를 찾고 이를 달성하는 방법을 어디에서나 쉽게 찾을 수 있다. 인터넷 검색이나 같은 관심사를 가진 사람들의 온·오프 모임을 통해 정보를 얻을 수 있으며, 전 세계의 유명 인사들의 연설문과 책을 통해서도 많은 것을 배울 수 있다.

목표를 설정하고 그 방법을 찾았다면, 지금 바로 '실행 버튼' 을 눌러야 한다. 매년 1월 1일, 다이어리에 목표를 적는 것만으로는 충분하지 않다. 실행을 위한 다양한 방법 중에서 어떤 것이 나에게 가장 적합한지 알기 위해서는 직접 시도해 보고 경험해 봐야 한다. 모든 도전은 배우고 성장하는 기회를 가져다주며, 실패조차도 소중한 자산이 된다. 다양한 도전을 통해 경험을 쌓고, 한계를 확장해 나가면서 성공을 향하는 길을 만들어 가야 한다. 지금 당장은 성과가 없다고 여겨지는 도전조차도, 미래에는 큰 가치를 가져다줄 수 있다는 믿음을 가지고 쓸모없는 도전이 의미 있는 도전이 되도록 변화시켜야 한다.

실행을 성공으로 이끌기 위해서는 매일 작은 목표를 달성하면서, 이를 큰 목표와 연결 지어 인식하는 것이 중요하다. 작은 목표를 통해 성취감을 느끼고, 이 성취가 커리어 성장에 기여한다는 점을 깨닫는다면, 장기적으로 더 큰 성공을 이룰 수 있다. 실패에 대한 두려움으로 실행을 주저한다면, 시도의 과정 자체를 '학습의 기회'로 바라보는 관점의 전환이 필요하다. 도전하고 실패한다고 해서 부정적인 결과만 남는 것은 아니다.

실패는 성공을 위한 중요한 데이터로 작용하며, 무엇이 잘못되었는지, 무엇을 개선해야 하는지를 배울수 있는 기회를 제공한다. 작은 성공들을 차곡차곡 쌓아가며 자신감을 키우고, 점차 더 큰 도전에도 자신 있게 나아갈 수 있을 것이다.

완벽함을 기다리지 말라

샤릴 샌드버그(Sheryl Sandburg)는 여성 리더십의 선두 주자로, 특히 20대 여성들에게 커리어와 인생에 대한 강력한 메시지를 전하고 있다. 그녀는 여성들이 직장에서 리더십을 어떻게 받아들이고, 자신이 가진 숨겨진 능력을 어떻게 발휘할 수 있는지를 자신의 경험을 바탕으로 조언한다. 샤릴은 완벽함을 추구하다 기회를 놓치는 것을 경계할 필요가 있다고 강조하며, 많은 젊은 여성들이 '완벽한 준비'가 되기 전에는 도전하지 않거나, 자신감 부족으로 중요한 기회를 놓치는 경향이 있다고 말한다. 이러한 완벽주의적 사고방식이 오히려 성장을 방해할 수 있다는 점을 지적한다.

기회를 잡으려면 모든 것이 완벽하게 준비될 때까지 기다리는 것보다 기회가 찾아왔을 때 즉시 실행하고 도전하는 것이 더 중요하다. 도전 과정에서의 실수나 실패를 두려워해서는 안된다. 중요한 것은 완벽하지 않더라도 시작할 용기이며, 실행을 통해 성장할 수 있다는 믿음을 가지는 것이다. 작은 시작들이 모여 결국 완벽함을 만들어 낼 수 있고, 실천에서 나오는 실행력이 목표를 달성하는 원동력이 된다.

Take a seat at the table : 기회를 차지하라

완벽함을 목표로 한다면, 이를 이루기 위해서는 수많은 시도가 필요하다. 완벽함은 결코 한 번에 이루어지지 않는다. 다양한 분야에서 더 많은 경험을 쌓고자 했던 나는 매일 아침 눈을 뜨자마자 대학교 홈페이지의 공지사항을 확인했다. 다른 대학교의 공지사항도 살펴보며, 지원 자격이 된다면 즉시 원서를 제출하고 기회를 찾았다. 원서를 작성할 때 자기소개서와 지원 동기 등을 분야별로 여러 버전을 준비하여, 독보적인 자기소개 자료를 갖추게 되었다. 덕분에 어떤 분야에 지원하더라도 약간만 수정하여 빠르게 제출할 수 있었다.

만약 완벽한 자기소개서로만 지원하려 했다면, 더 많은 시간이 걸리고 그 과정에서 놓쳤던 기회들이 많았을 것이다. 다양한 기회를 모색하고 커리어에 집중해야 할 시기에, 도전을 통해 얻는 것이 훨씬 많았다. 새해에 시작한 다이어리는 하루하루 알차게 기록되며 점점 두꺼워졌고, 고무줄로 묶어야 할 정도였다. 대학교 시절 동안 기업 인턴, 공기업 홍보대사, 마케팅 공모전, 멘토 프로그램, 해외 봉사활동 등 다양한 활동에 지원하고 참여하며 나만의 완벽함으로 커리어를 쌓아 나갔다.

물론 이러한 도전 중에는 실행력만 앞세우다 실패한 경우도 있었다. 그러나 그 실패조차도 다른 분야에 대한 시야를 넓히는 계기가 되었으며, 타 전공 학생들과 다른 학교 친구들과의 팀 프로젝트를 통해 인맥을 쌓고 정보를 공유하는 값진 시간이 되었다. 완벽함은 나에게 적합할 때만 비로소 빛을 발한다. 마침내 나만이 해낼 수 있는 기회를 얻게 되었고, 실패와 성공을 지나면서 경험이 하나씩 쌓여가며 내가 꿈꾸던 완벽함에 점점 가까워질 수 있었다.

일상의 넛지(Nudge)를 만들자

실행력에 날개를 달아보자. 성공률을 높이고 지속 가능한 실행력을 구축하는 방법은 다양하다. 20대는 꿈을 실현하고 자신만의 방향을 설정하는 중요한 시기이다. 그러나 실행력이 부족하면 아무리 훌륭한 계획도 성과로 이어지지 않기 때문에, 실행력을 높이는 것은 매우 중요하다.

넛지(Nudge)는 사람들의 선택을 강요하지 않고 자연스럽게 유도하는 방법으로, 효과적인 행동 변화 전략이다. 큰 결심 없이도 자연스럽게 행동을 이끌어내어 실행력을 높일 수 있다. 시각적인 자극, 환경 조정, 작은 성취감, 알람 설정 등 다양한 방법으로 넛지를 활용하면 더 나은 선택을 하고 지속 가능한 습관을 형성할 수 있다. 작은 넛지가 쌓이면 결국 인생에 큰 변화를 가져올 수 있는 실행력을 경험하게 된다.

실행력이 부족해지는 이유는 강제성이 결여되어 있기 때문이다. 누군가의 도움과 확인이 있어야만 이루어지는 실행력은 지속성을 유지하기 어렵다. 하지만 넛지는 강제성 없이도 행동을 자연스럽게 변화시킨다. 우리의 일상에 자연스럽게 작은 넛지들을 심어보자.

하루에 2L의 물을 마시기 위해 물병을 눈에 잘 띄는 곳에 두거나, 운동 습관을 기르기 위해 집안 곳곳에 작은 아령이나 운동복을 배치하는 것도 좋은 방법이다. 자격시험 점수를 높이기 위해 요점을 정리한 포스트잇을 눈에 잘 띄는 곳에 붙이는 것도 효과적인 넛지 활용법이다. 이러한 넛지는 무의식적으로 실행력을 끌어올리는 훌륭한 자극이 된다. 작은 넛지들이 모여 변화를 만들어내고, 이 작은 변화들이 모여 목표를 이루는 힘이 된다. 이 과정에서 쌓인 경험은 더 큰 성공의 밑거름이 된다.

실행력을 높이기 위해서는 사소한 행동 변화를 꾸준히 이어 나가는 것이 중요하다. 넛지를 통해 주변 환경을 실행에 최적화된 상태로 점차 조정하고, 작은 실행 목표를 설정하면 심리적 부담이 줄어들어 실행력이 자연스럽게 향상된다. 이러한 작은 실행들이 쌓이면서 동기부여를 유지할 수 있으며, 이는 실행력을 높이는 핵심이다.

일상에서 마주치는 작은 넛지를 활용하여 내가 꿈꾸는 미래의 모습에 한 발짝 더 다가가 보자. 오늘부터 일상 속에 작은 넛지를 심어 실천해 보는 것은 어떨까?

일상에서 넛지를 만드는 방법!

명확한 목표 설정	시각화된 목표 배치
하루나 주 단위의 작은 목표를 구체적으로 설정하고 이를 시각화 예: 하루 30분 자격증 공부, 주 2회 필라테스 수업	중요한 목표와 관련된 물건을 눈에 잘 띄는 곳에 놓기 예: 책상 앞 메모판에 포스트잇으로 이번 주 목표나 명언을 적기.
트리거(trigger)를 만들어 연결하기 기존에 늘 하던 일들과 새로운 일을 연결 짓기 예: 모닝커피 마시기 전에 오늘의 할 일 작성	스마트폰이나 컴퓨터 배경 화면에 목표를 상기시킬 수 있는 이미지나 문구 삽입.

1% 법칙 적용

1. 매일 또는 매주 1%씩 목표를 높게 설정.

   예: 하루에 10개의 단어를 외우는 것을 11개로 점진적으로 늘리기.

2. 작은 행동이 장기적으로 큰 변화를 만든다는 것을 인식.

   예: 매일 15분의 학습이 1년 후 90시간 이상의 결과를 만듦.

2.

끝까지 해내는 사람들의 힘

유아미

운동을 꾸준히 해왔고, 나름 규칙적인 생활을 즐기며 지내고 있었다. 근력 운동과 유산소 운동을 번갈아 하며 활기찬 일상을 보내던 중, 우연히 오랜만에 수영을 다시 배울 기회가 찾아왔다. 어릴 때 잠깐 배웠던 기억이 나지만, 이번엔 좀 더 제대로 해보고 싶었다. 그러던 중, 코치님이 상급반에 도전해 보라는 말을 건넸다. 솔직히 두려웠다. 30년 만의 도전인데, 그것도 나보다 20년 이상 수영을 해온 사람들 틈에서 말이다.

첫 수업부터 현실은 냉정했다. 배영할 때 물을 잔뜩 먹고, 자유형으로 6바퀴를 돌 때는 숨이 너무 차서 중간에 멈춰 쉬어야 했다. 사실, 너무 힘들어 수업을 빼고 싶은 날도 많았다. 그런데 그럴 때마다 스스로 '끝까지 해보자'라고 다짐했다. 그래서 주 2회 다니던 수영을 주 5회로 늘렸고, 특히 호흡 연습에 더 많은 시간을 투자하기 시작했다. 가장 어렵게 느껴졌던 잠영도 점점 나아졌다. 그렇지만 여전히 호흡이 힘든 것은 사실이다.

1년이 지나자, 마침내 상급반에서 선두에 서게 됐다. 그 순간 확실히 깨달았다. '포기하지 않는 열정'이 나를 여기까지 오게 했다는걸. 수없이 실패하고 포기하고 싶었던 순간에도 계속 도전하고 조금씩 더 나아가려는 그 과정 자체가 이미 나를 성장시키고 있었다. 이제 수린이에서 탈출할 수 있을까? 하는 큰 기대를 가져본다.

끝없는 노력은 우리를 배신하지 않는다.

우리는 늘 성공을 기대하지만, 현실은 생각만큼 녹록지 않다. 실패를 피하려고 온갖 대비책을 세우고, 남의 경험을 빌려 미리 준비해도, 모든 일이 완벽하게 끝나는 건 아니다. 오히려 매번 성공하는 게 이상한 일일지도 모른다. 인생에서 언젠가는 실패를 맛볼 수밖에 없다. 그리고 그 실패가 우리를 더 나은 방향으로 이끌 수도 있다.

중요한 건 실패를 두려워하지 않고, 오히려 실패를 예상하면서도 끝까지 포기하지 않는 마음가짐이다. 그런 열정 속에서 진짜 성장이 시작된다. 실패가 주는 교훈은, 때로는 성공보다 더 값질 때가 있다. 그 경험이 바로 우리의 힘이 되어준다. 20대와 30대는 새로운 도전과 실패가 가득한 시기다. 실패는 괜찮다. 문제는 그 실패를 어떻게 받아들이고, 그 후에 무엇을 하느냐다.

필자가 수영을 배우면서 경험했던 것처럼, 끊임없는 노력은 나를 배신하지 않는다. 실패는 잠시 넘어지는 것이지, 끝이 아니다. 그 실패 속에서 우리는 배우고, 다시 일어나 더 나은 방향으로 나아간다. 열정과 노력은 언제나 결실이 있다. 그 과정에서 배운 것들은 생각보다 훨씬 더 귀중한 자산이 될 것이다.

그러니 지금 도전하는 것, 혹은 실패한 일이 있더라도 절대 멈추지 말자. 결국, 시간이 지나면 그 모든 노력이 당신을 성장하게 했다는 걸 깨닫게 될 테니까.

최고의 목표를 달성하는 것도 중요하지만, 그 과정에서도 즐기자.

육아를 하다 보면 가장 여유로운 시간은 아마 아이가 잠들었거나, 만화를 보고 있을 때일 것이다. 아들 연우는 5살 때 특히 자동차 로봇이 나오는 만화 '헬로 카봇'을 정말 좋아했다. 이 만화 속 '차탄'이라는 주인공의 엄마는 굉장히 인상적이다. 이 엄마는 자격증을 수백 개나 보유한 만능 슈퍼맘으로, 어떤 상황에서도 열정적으로 문제를 해결하고, 적극적으로 도전하는 모습이 참 멋있다.

왜 그렇게 많은 자격증을 따는지는 만화에서 정확히 다루지 않지만, 아마도 그녀는 배움 자체를 즐기고 성취감을 느끼는 사람이 아닐까 싶었다.

필자도 사실 자격증에 대한 욕심이 많다. 처음엔 증권사에 입사하면서 어쩔 수 없이 금융 관련 자격증을 따야 했다. 솔직히 처음엔 부담스러웠지만, 준비를 하면서 기본적인 금융 지식이 생각보다 흥미롭다는 걸 깨달았다. 그렇게 금융 관련 자격증을 연이어 5개나 취득했을 때, 그 과정에서 느낀 성취감이 정말 컸다. 공부하는 과정도 생각보다 즐거웠다.

증권사를 그만두고 난 후에는 피부미용에 관심이 생겼다. 이번엔 피부미용 자격증에 도전했는데, 전공과 전혀 다른 분야라 쉽지는 않았다. 특히 실기 부분은 학원에 다니지 않고 유튜브 영상으로만 혼자 연습했기 때문에 더 힘들었다. 처음엔 막막했지만 하나씩 익혀가며 느끼는 즐거움이 컸고, 그 과정 자체가 나에게는 또 하나의 도전이자 즐거움이었다.

목표에 도달하는 것도 의미 있지만, 과정에서 얻은 배움과 작은 성취들이 결국 더 큰 가치를 만들어준다는 걸 깨달았다. 최근에는 취업창업진로 교수로 대학생들에게 창업 관련해서 좀 더 많은 정보를 주기 위해서, 창업보육전문매니저 자격증에 관심을 가지고 시험을 보려고 한다. 물론 쉽지 않은 도전이지만! 그래도 한번 해보려고 한다. 노는 과정도 즐겁고, 공부하는 과정도 즐겁고, 전부 다 즐겁다.

우리는 목표를 설정하고 그것을 향해 나아가는 과정에서 종종 결과만을 중시하는 경향이 있다. 자격증을 따거나 시험을 통과하는 등, 눈에 보이는 성과가 우리의 성공을 증명한다고 생각하기 쉽다. 하지만 중요한 것은 단지 결과뿐만 아니라, 그 과정에서 얻는 경험과 즐거움이다. 누군가는 자격증이나 결과가 중요하다고 주장할지 모르지만, 우리 삶의 대부분은 그 목표를 향해 가는 여정에서 일어난다. 그리고 그 과정에서 느끼는 작은 기쁨들이 모여 진정한 성공을 만들어낸다. 어쩌면 '목표에 도달하는 것'보다 '그 과정에서 얼마나 많은 것을 배웠고, 어떻게 즐겼는가'가 더 큰 의미일 수 있다.

선택의 갈림길에 서 있을 때, 단순히 결과만을 중시하기보다는 그 여정에서 무엇을 배울 수 있을지, 얼마나 즐길 수 있을지를 깊이 고민해 봐야 한다. 각 선택이 가져다줄 경험은 우리의 성장에 큰 영향을 미친다. 이처럼 과정에 집중하게 되면, 그 자체가 우리에게 더 큰 의미와 만족을 줄 것이고, 목표에 도달했을 때 느끼는 기쁨 또한 더 깊어질 것이다. 결국, 과정이 주는 즐거움과 배움은 우리의 삶을 풍요롭게 하고, 진정한 성공을 이루는 데 필수적이다.

마침표를 찍자.

미술 작품에 대한 관심은 최근에 시작됐다. 휴먼이미지학과에 입학한 후, 현대미술사의 이해라는 과목을 수강하면서 미술에 대한 흥미가 생겼다. 특히 조각에 눈을 뜨게 되었고, 그중에서도 미켈란젤로의 '다비드상 조각'이 가장 강렬하게 기억에 남는다.

미켈란젤로가 대리석 작업을 시작하기 전에 이미 두 명의 조각가가 시도했지만, 저조한 재료의 질과 금이 가는 문제로 작업은 중단되었다. 그러던 중, 1501년에 26세의 젊은 미켈란젤로가 이 대리석 블록을 맡게 되었다. 그는 대리석의 결함이 한 번의 실수로 전체 작업을 망칠 수 있다는 점을 알고 있었지만, 이를 극복하며 인체를 섬세하게 표현하는 데 성공했다.

그는 3년간 쉬지 않고 작업에 몰두하였고, 1504년에 드디어 다비드상을 완성했다. 높이 5.17미터에 달하는 이 거대한 대리석 조각은 완벽한 인체 비례와 긴장감 넘치는 근육 표현으로 르네상스 시대의 이상적인 인간을 상징하는 걸작으로 평가받고 있다.

모든 미술 작품은 단순한 결과물 그 이상을 품고 있다. 우리는 작품을 감상하며 그 배경에 숨겨진 이야기 속에서 삶의 가치와 깊은 교훈을 발견하게 된다.

미켈란젤로는 그의 작품을 만들며 어떤 고민을 했을까? 만약 그가 중간에 포기했다면, 오늘날 우리가 이상적인 인간을 상징하는 다비드상을 감상할 수 있었을까? 3년 동안 대리석 블록과 씨름하며 탄생한 다비드상은 도전과 인내의 상징으로,

그 과정을 통해 진정한 예술이 완성된다는 사실을 보여준다.

우리는 각자의 길을 찾아가는 과정에서 수많은 선택과 도전에 마주한다. 이때 미술 작품에서 느껴지는 힘과 영감을 받아들이며, 중도에 포기하지 않고 끝까지 나아가기를 권장한다. 진정한 열정과 끈기는 어떤 결과보다 더 큰 가치를 지니며, 우리의 삶을 더욱 풍요롭게 만들어 줄 것이다.

끝까지 해내는 사람들의 꿀팁! (실행력)

1. SMART 방법으로 작은 목표를 설정하라.

: Specific(구체적) Measurable(측정 가능), Achievable(달성 가능), Relevant(관련성 있는), Time-bound(시간 제한) 방법으로 작은 목표를 설정하라.

2. 과정에서 즐거운 포인트를 찾아라.

: 목표를 향해 가는 여정에서 즐거운 순간을 찾으면, 지루함이 사라지고 동기부여가 생긴다.

3. 포기하고 싶으면, 긍정적인 자기 대화를 시도하라.

: 힘든 순간에 자신에게 긍정적인 말을 건네면, 마음을 다잡고 어려움을 이겨내는 데 도움이 된다.

3.

오늘의 노력은 내일의 기반이 된다

이정윤

"우와... 니 진짜 돈키호테 같다~! 멋지다. 친구야~!"

본인의 친구 중 본인이 '돈키호테(미겔 데 세르반테스의 돈키호테라는 고전소설 속 주인공)'라는 별명을 붙여준 친구가 있다. 그 친구는 40대 후반 나이에 못다 이룬 꿈에 도전을 했다. 법대를 나와 평범한 직장 생활을 오랫동안 하고 있다가 다소 무리해 보이는 아니 무모해 보이는 도전을 선택했다. 인생의 마지막 도전이 될지도 모른다는 마음으로 결정했다는 것이다. 그 도전은 분명 쉬운 선택이 아니었다. 누군가는 미쳤다라고 생각했을 것이다. 그럴만한 것이 그는 한 가정의 가장이었고 아직 성인이 되지 않은 두 아이의 아빠였다. 아빠의 손길이 필요한 시점이었으리라!

그럼에도 불구하고 지금이 아니면 죽을 때까지 후회할 것이고 나이로 인해 더 이상의 기회가 없을 거라는 생각으로 깊은 고민 끝에 그 친구는 선택에 대한 미친 실행력을 보여줬다.

정신없이 바쁜 어느 날 그 친구에게 연락이 왔다. 로스쿨에 합격했다고!

"와~ 사람을 이리 놀래키나? 진짜 미쳤노. 하하"

실행은 소설 속 돈키호테처럼…

이런 놀람과 기쁨도 잠시 그는 입학을 포기했다는 이야기를 아주 쓸쓸하지만 미련 없이 했다. 집안에 가장의 부재가 죄책감으로 밀려온다는 것이었다. 얼마나 많은 고민을 했을까?
입학은 포기했지만 그 꿈을 이루기 위해 보여준 그 친구의 미친 실행력은 인생에 후회되는 일들 중 하나를 지웠다. 물론 그보다 더 큰 의미가 그에게 존재하겠지만.

"내가 니 때메 자극받아서 공부했다아이가~! 하하하"
"머라카노~ 내가 뭐 우쨌다꼬?"

"니가 늘 옆에서 뭔가에 자꾸 도전하고 있는데, 나는 겁이 나서 자꾸 숨는 것 같아서 더 이 상은 안되겠더라. 그래서 후회 안 남기려고 도전했으니 미련 없다!"

"그랬구나! 시원 섭섭, 오늘만큼 이 단어는 니꺼다! 고생했 다."

결과가 어떻든 선택 후엔 이런 실행력이 뒤따라야 뭐든 '미련 없이 달렸다!'라는 표현이 아깝지 않을 것이다. 물론 결과가 내가 원하는 데로 된다면 가장 완벽하겠지만, 그렇지 못하더라도 소설 속 돈키호테처럼 앞뒤 안 가리고 선택에 대한 실행을 해보는 것 자체가 인생에서 성공을 바란다면 아주 중요한 요소가 되지 않을까 한다.

세밀한 계획보다 실행력~!

가끔 계획을 짜느라 일의 타이밍을 놓쳐 본 적 있는가? 무거운 엉덩이는 더 무거워지고 있고 나의 뇌는 이런 생각을 할 것이다.

'아직 이 계획이 완벽하지 못해. 좀 더 완벽하고 세밀한 계

획을 만들어 내봐! 만약 실패했다면 그건 계획이 완벽하지 못해서 그런 거야!'

물론 계획을 잘 짜는 건 중요하다. 그런데 계획에만 몰입하다 보면 실행에 대한 두려움이 점점 커진다는 경험을 해본 본인은 '일단 해보자!'로 방향을 바꾸었다. 원래도 계획적이지 못한 사람이기도 하지만 더 이상의 실행을 미루다간 머리만 점점 커지고 두 다리는 점점 무거워진다는 것을 알았기 때문이다.

세계 최초의 비행기 개발에 성공한 라이트 형제를 알고 있을 것이다. 1903년 플라이어호를 타고 하늘을 누빈 라이트 형제는 세계 최초 비행이라는 수식어로도 유명하지만 그들을 더 높이 평가하는 부분은 다름 아니라 망설이지 않고 바로바로 실행하는 실행력이다. 라이트 형제들의 성공의 가장 큰 요소는 계획만 짜고 있는 것이 아니라 실패에 대한 피드백을 바로바로 실행하는데 포커스를 맞춘 것이다. 비행 시험을 수백 번 하며 그때그때 수정하고 고치고를 반복했다. 거듭된 실패와 빠른 피드백의 실행에서 일의 본질을 깨닫게 되었으리라!

라이트 형제 하면 연관 검색어처럼 따라다니는 사람이 있다. 그 당시 항공 쪽으로는 최고의 권위자로 불리는 천체물리학자 새뮤얼 랭글리 박사이다. 라이트 형제의 비행 성공에 앞서 같은 해 가을 새뮤얼 랭글리 박사도 비행 시험을 했다. 그러나 비행기는 이륙하자 곧 포토맥강에 추락한다. 두 달 뒤 다시 시험을 했지만 또 실패를 하게 된다. 랭글리 박사는 오로지 엔진의 중요성만을 생각하며, 이론적인 수치만이 성공할 수 있다고 생각하고, 실패에 대한 여러 피드백을 인정하려 하지 않았다.

두 이야기의 차이에서 보듯 세밀한 계획보다 실행력이 더 많은 실패와 더 빠른 성공을 가져다준다. 본인은 이 말을 누구보다도 강하게 믿는 사람이다.

생각은 깊고 짧게 행동은 빠르고 길게

코로나가 전국으로 확산 되려는 움직임을 보일 때 즈음 본인에게 한 통의 전화가 걸려 온다.

"이 대표님, 잘 지내십니까? 하하"
"어머~ 오랜만입니다. 잘 지내시죠?"

오랜만에 걸려 온 오래 알고 지낸 분의 전화였다. 반가운 통화를 끝내고 본인은 다음날 바로 경북 경산에서 경기도 안양으로 출발했다. 그리고 법인 회사를 설립했다. 코로나 관련 장비를 유통하는 회사였다.

처음 전화가 왔을 때 일단 그 장비가 어떤 건지 알아보자 해서 다음날 바로 안양으로 가서 미팅을 진행했고, 지금 타이밍에 전국에 필요한 장비다 싶어 바로 실행에 옮겼다. 생각은 깊이 있게 행동은 빠르게! 판단이 서자 바로 실행으로 옮겼다. 지금 생각해도 대단한 실행력이다 싶다. 물론 그 사업은 여러 우여곡절을 겪으며 법인 폐업으로 이어졌지만, 단 한번도 후회를 해 본 적이 없다. 성공으로 가는 길에 한 번 넘어진 것이다. 다시 툭툭 털고 일어났다. 물론 힘들었다. 여러 여파가 있었지만, 강하게 견디며 또 다른 시도를 실행하고 있다.

그때의 수많은 일들과 경험들을 지금 소설의 한 줄거리를 쓰듯 남기지만 본인에게 실패와 두둑한 경험을 안겨주었다. 소중한 경험과 수많은 피드백이 있다.

이렇듯 수많은 실행은 수많은 실패를 만들기도 하지만 멋진 피드백을 남기기도 한다. 처음 걸음마를 배우기 위해 수십만 번 넘어져도 결국 일어서서 걸어 다니고, 처음 자전거를 배울 때도 수백 번 깨진 무릎을 보며 울었을 것이다. 그런데 어느 순간 걷는 건 당연한 것이 되었고, 자전거도 수년 동안 타지 않아도 언제라도 자연스러운 운전이 가능하다. 실패에 대한 두려움을 극복하고 뇌가 아닌 발로 움직이는 실행력이야말로 내가 원하는 것을 가져다주는 가장 빠른 방법일 것이다. 본인의 선택이 맞다고 믿는다면 미친 듯이 실행해 보자. 세밀한 계획보단 실패를 하더라도 실행력에서 더 좋은 피드백을 얻을 수 있을 것이다. 적어도 난 그렇게 믿고 있다.

어디까지 해봤어? 실행력!

1. 소설 속 주인공이 아니더라도 우린 미친 실행력으로 도전할 수 있다. 이런 실행력은 인생에 남길 후회를 하나씩 지우기도 한다.

2. 생각으로 세상을 구하지 말고 실행력으로 나를 구하자! 아무리 멋진 계획이라도 실행하지 않는다면 한낱 낙서에 불과하다. 우린 종이 속 계획보다 행동으로 이어지는 실행력으로 더 많은 것들을 얻을 수 있다.

3. 생각은 깊고 짧게, 행동은 빠르고 길게 하라. 생각도 집중을 요하는 일이다.
   그러니 깊게 하되 짧게 하라. 생각이 길어지면 행동하기 전에 지친다. 결정했다면 빠르게 움직여라. 그 증명이 실패더라도 거기서도 많은 피드백을 얻을 것이다. 실패가 두려워 실행을 망설인다면, 소중한 경험치를 얻지 못한다. 실패 속 피드백과 성공의 경험 중 어떤 것이 더 나았는지는 시간이 지나 봐야 드러나는 일이니, 그 어떤 것도 두려워하지 말고 앞으로 나아가자!

4.

실행의 결과 그 후

남계윤

"시간과 노력이 쌓이면 결과는 반드시 나타난다.
다만, 그 시점은 우리가 정할 수 없다."

– 다니엘 카너먼

오늘의 노력은 없어지는 게 아니다.

우리는 대부분 현재에 몰입해서 살아간다. 지금의 삶의 현장이 바뀔 것 같지 않고, 오늘의 일이 미래에 언제 어떻게 쓰이게 될지 예상하지 못한다. 하지만 지나고 보니 그 때 시간낭비라고 투덜대며 했던 일조차 휘발되지 않고 내 안에 남아있더라.

큰 아이 초등학교 1학년 때 일이다. 아이가 초등학교 1학년 12월쯤 수학 시험을 앞두고 유독 힘들어하던 문제가 있었다. 형과 동생이 과자 11개를 나누어 가질 때 형이 동생보다 과자 3개를 더 가지려면 형과 동생이 각각 몇 개씩 가져야 하는가 하는 문제였다. 풀이는 둘의 차이만큼을 전체 과자 개수에서 빼고 나머지 과자를 똑같이 나눈 후 많이 가져야 하는 친구에게 아까 빼둔 걸 더 주면 되는 것이다. 아이가 유독 어려워해서 왕복 한 시간 걸리는 마트를 다녀오며 차 안에서 다양한 문제를 함께 풀었다. 친구랑 동생이랑 엄마랑 귤도 나누고, 초콜릿, 연필, 사탕, 레고 등등 나누어 가질 수 있는 모든 걸 나누었다.

아이가 완벽하게 이해했다고 생각되어 뿌듯한 마음으로 아이를 학교에 보냈는데 아이는 그 문제를 틀렸다. 그 이유는 막상 학교 시험에서는 나누어 갖는 문제가 아니라 남학생과 여학생 수를 구하는 거였다. 한 반에 학생 수가 25명인데 남학생이 3명 더 많다면 남학생과 여학생의 수는 각각 어떻게 될까? 하는 문제였다. 아이는 사람을 나누어 가질 수 없으니 엄연히 다른 문제라고 주장했고, 필자는 내 아이에게 수학적 재능은 없나보다 생각했다.

그해 겨울 방학 동안 그런 종류의 문제는 쳐다보지도 않고 보냈다. 그리고 2학년 새 학기가 되어 그것과 같은 학생 수 구하는 문제가 나왔다. 그동안 연습하지 않았는데 아이는 너끈히 그 문제를 풀어냈다. 마트 왕복 시간의 노력이 사라지진 않은 모양이다.

본인도 비슷한 경험이 있다. 학원 강사 시절 근무하던 학원은 본인이 만든 교재로 수업하는 학원이었다. 분기별로 한 권씩 책이 나와야 했다. 매번 마감 시간에 쫓기다 보니 밤을 새우는 날이 많아졌고, 독수리 타법으로 시작한 타이핑은 몇 달 만에 편집의 달인이 되었다. 시중에 대단한 출판사에서 전문가들이 만든 수많은 책들이 있는데, 굳이 이렇게 강사들을 괴롭힐 일이냐며 매일을 투덜댔던 기억이 있다. 필자가 지금 컴퓨터 작업을 할 수 있는 건 그때의 그 시간 덕분이다.

지금의 노력이 당장 결과를 내지 않아도 어느 순간 다른 방법으로라도 노력의 성과를 낸다. 절대 버려지는 시간은 없다. 만약 지금 내가 뭔가에 몰입하고 열심히 노력하는데도 계속 정체되어 있거나 성과가 나지 않으면 '때'가 아직 안 된 거라고 생각하고 조금 더 기다려보자. 내가 노력한 것이 없어지지는 않앉을 테니.

그때는 맞고, 지금은 틀리다.

20세기 중반 플라스틱은 강도, 유연성, 비용 효율성 면에서 혁신적인 소재로 환영받았다.

'더 나은 삶을 위한 화학'이라는 구호와 함께 플라스틱 사용이 급증했다. 하지만 지금은 플라스틱 쓰레기와 미세 플라스틱의 환경적 위험성이 부각되면서, 플라스틱 사용을 줄이고 재활용하거나 생분해성 대체품으로 전환하려는 움직임이 확산되고 있다. 이처럼 특정 상황에서 맞는 선택이나 결정도 시간이 지나 상황이 변하면 더 이상 적절하지 않은 경우가 있다. 따라서 우리의 행동과 계획을 상황에 맞게 수정 보완할 수 있는 비판적이고 유연한 사고가 필요하다.

학원 오픈초기 학원규칙을 어기는 학생들에 대한 고민이 많았다. 학생 수가 늘어나면서 몇 명의 학생이 수업 분위기를 흐려놓아 선생님들도 힘들고, 학부모의 불만이 나올 무렵 과감하게 학원규칙 어기는 아이들은 퇴원 조치하기로 결심했다. 일 년에 2~3명씩은 학원에서 권고하여 퇴원 조치를 취했다.

'지옥'이라는 영화를 보면 본인이 죽을 날을 고지받은 후 약속된 날 하늘로 강제 끌려가는 장면이 나오는데, 영화가 나온 초기 아이들끼리 00이는 고지받고 담달부터 못 온대라며 낄낄거리는 소리를 들은 적이 있다. 물론 아이들 말처럼 일방적 고지에 일방적 실행은 아니었다. 여러 차례 경고한 후 행동 교정이 안 되면 취하는 조치였다.

필자는 학원이 공교육과 같은 무상교육이 아니므로, 학원에서 학원비를 받을 때 학부모와 약속한 것들을 지켜야 한다는 강박이 있다. 학생들의 방해(?)로 그 약속을 지킬 수 없게 되면 더 이상의 계약 관계가 지속될 수 없으므로 필자의 행동과 결단은 정당했다. 마지막 부모님 상담에서 "아이가 더 이상 교사의 말이 들리지 않는 상태이므로 우리 학원에서는 더 이상 같이 공부할 수 없습니다"라고 학원 입장을 명확히 전달했다. 본인 스스로 깔끔하고 나이스한 학원 정책이라고 생각하고 실행했다.

동네 학원이다 보니 학원을 그만둔 학생들이 지나다 종종 들린다. 몇 년 전 그렇게 권고받고 퇴원한 학생이 친구들과 같이 놀러 와서 선생님한테 "쫓겨나서" 속상했다고, 그래서 선생님 사준 밥 먹고 돈이나 축나게 하려고 왔다고 웃으며 넉살 좋게 얘기한다. 돌아보니 그 아이는 성격이 엄청 활발한 학생이었다. 그러다 보니 돌발 행동이 많았고, 숙제 안 해 온 걸 애교로 때우려던 아이여서 함께 공부할 수 없었는데, 학생이 농담처럼 얘기하는 순간 이 친구의 무수한 장점을 무시하고, 내 수업을 방해한다는 이유로 고작 중2인 아이에게 상처를 줬구나 싶어 미안했다.

지금도 의도하진 않았지만 수업을 방해하고, 숙제를 안 해와 선생님이 계획한 학습일정에 차질을 주는 학생들이 있다. 하지만 그날 이후 학원에서 어느 누구도 '고지' 받지 않는다. 다만, 원장실에서 행동 교정을 받고, 본인교실로 다시 돌아가는 학생은 있다. 크게 혼내지 않아도 나이와 연륜이 학생들을 제압하는 모양이다.

어떤 관점이나 지식도 절대적이지 않다는 사실을 알고, 새로운 정보를 받아들이는 열린 마음이 필요하다. 과거 자신의 생각이 틀렸다고 비난하기보다는, 그것이 현재의 발전에 기여할 수 있게 노력하자. 지금 우리가 맞다고 믿는 것들도 미래에는 틀릴 수 있다. 그러므로 항상 비판적으로 사고하고 끊임없이 질문하는 자세를 갖자. 그때는 안 보이던 것들이 몇 년 더 성숙해진 내게 보이게 된 것이니 오늘은 이게 맞다.

생각한 것이 무엇이든 지금이 시작할 때

"가장 놀라운 불가사의는 무엇이냐?"
"날마다 사람이 죽고 주검이 실려 가지만 구경꾼들은 자기도 언젠가는 죽는다는 것을 깨닫지 못하고 자기는 영원히 살 것이라고 생각합니다. 이것이야말로 세상에서 가장 놀라운 불가사의입니다"

– 마하바라타

우리 대부분은 여전히 삶의 유한함을 깨닫지 못하고 있는 것 같다. '나중에'라는 시간은 보장되지 않는다. 지금이 실행하기 가장 좋은 때이니 하고 싶은 일들을 미루지 말자. '오늘이 마지막 날인 것처럼 살아라'는 말은 단순히 바쁘게 살아야 한다는 의미가 아니라, 하루하루를 가치 있게, 후회 없이, 충실히 살아가자는 다짐일 것이다.

필자도 30대 초반 백혈병이라는 진단을 받을 때까지 단 한

번도 내 삶이 유한하다는 생각을 해 본 적이 없었던 것 같다. 막연히 오늘과 같은 내일, 내일과 같은 모레가 있을거라고 생각했다.

막상 머리 깎고 입원한 첫날 침상에 누우니 그동안 해보고 싶었는데 다음으로 내일로 미루었던 일들이 생각났다. 뭐 대단한 것이 아니다. 예를 들면 자수 배우기, 서점에서 하루 종일 책 읽기, 혼자 영화 보기 등등. 아마 그런 것이 버킷리스트가 아닌가 싶다.

버킷리스트는 삶의 목표를 구체화하는 데 도움을 준다. "나중에 해 봐야지"라고 미뤄뒀던 일을 현실로 만들기 위한 첫 단계다. 대단한 일이 아니어도 괜찮다. 평소 하고 싶던 일을 구체적으로 적고 하나씩 실천해 보자. 목록이 늘어날수록 우선순위가 생길 것이고, 우선순위가 높은 일을 먼저 완료하면 동기부여가 더 커질 것이다. 버킷리스트는 고정된 것이 아니므로 관심이 사라진 목표는 삭제하고, 새로운 꿈이 생기면 추가하여 나다운 삶의 여정을 채워 넣다 보면 스스로의 삶이 완성될 것이다.

"오늘은 어제 죽은 이가 그토록 바라던 내일이다."

우리가 일상적으로 흘려보내는 하루가 누군가에게는 간절히 원했으나 도달하지 못한 기회였음 상기하고, 현재를 온전히 살길 바란다. 미뤘던 일, 하고 싶었던 말, 도전하고 싶었던 목표를 오늘 바로 시작해 보자.

필자의 친구 중 간호사가 있는데, 그녀의 남편은 소방관이다. 직업 특성상 죽음을 자주 목격하는 그들은 매일 아침 오늘이 마지막인 것처럼 인사를 하고 출근을 한다고 한다. 바쁘다는 이유로 주변 사람들에게 우리의 사랑과 감사함을 충분히 표현하지 못하고 지나는 경우가 많다. 하루 한 번이라도 가까운 사람들에게 애정을 표현해 보자. 작은 메시지나 따뜻한 말 한마디가 당신과 주변인들의 하루를 특별하게 만들어줄 것이다.

5.

성공은 발끝에서부터 시작된다

박 혜 성

"계획은 훌륭할 수 있다.
하지만 실행력이 없으면 아무 소용이 없다."

– 피터 드러커

선택과 집중을 했다면 그 이후에 당연스럽게 따라오는 게 실행이다. 계획은 방향을 제시하지만, 방향만 잡아놓고 움직이지 않는다면 제자리걸음일 뿐이다. 실행력은 우리의 발걸음을 앞으로 내딛게 하는 원동력이다. 행동하지 않으면 원하는 성과는 손에 넣을 수 없다. 누구나 알고 있지만 아무나 하지 못하는 것이 실행이다. 한 번에 결과를 손에 넣을 수 있는 드라마틱한 방법은 존재하지 않는다. 시작에서부터 과정이라는 여정을 거친 후에야 열매를 가질 수 있는 법이다.

실행력은 선택과 집중 이후 목표를 달성하는 데 가장 핵심이 되는 요인이다. 이는 단순한 의지가 아닌, 일상 속에서 지속적인 행동과 몰입을 통해 성과를 이루는 힘이다. 작은 실천들이 모여야만 큰 성과를 이룰 수 있고, 그 성과를 결정짓는 핵심이 실행력에 있는 것이다. 실행력은 개인의 성장과 목표 달성에 필수적이며, 이를 촉진하는 환경과 습관을 만드는 것이 성공적인 삶으로 이어질 수 있는 방법이다. '성공은 발끝에서부터 시작된다'는 말은 단지 첫걸음을 내딛는 것만이 아니라, 그 작은 발걸음이 축적되고 이어져 큰 성공을 만들어낸다는 의미를 담고 있다. 매일 한 발짝식이라도 목표를 향해 나아간다면, 그 작은 발걸음이 결국 커다란 도약으로 이어질 것이다.

그렇다면 실행력을 촉진시킬 수 있는 방법은 무엇이 있을까? 필자의 실행력을 촉진시킬 수 있었던 중요한 요인은 운전, 운동, 그리고 사람들과의 관계였다. 운전은 시간 관리를 용이하게 하고 자유로운 이동을 가능하게 했으며, 운동은 체력을 키워 꾸준함을 가능하게 했다. 또한, 주변 사람들의 지원과 격려는 정서적인 지지와 함께 지속적인 동기부여의 원동력이 되었다. 이 세 가지 요인들 덕분에 필자는 직장 생활과 학업을 병행하며 목표를 향해 나아갈 수 있었다.

운전 – 시간 관리

인생에서 새로운 것을 배우거나 선택을 할 때, 그 선택이 삶에 어떤 변화를 가져올지 예측하기란 쉽지 않다. 하지만 모든 선택은 또 기회가 될 수 있다. 운전은 내게 단순히 이동 수단을 넘어서 시간 관리와 삶의 전환점을 만들어준 매우 중요한 도구였다.

퇴직하기 직전 회사에 다니면서부터 운전을 처음 시작했다. 그러니까 공부를 시작하면서 운전면허도 같이 땄다는 얘기다. 그즈음에는 방배동에서 경기도 시흥시까지 출근을 하던 때여서 운전면허를 따지 않으면 출근이 어려웠으니 어쩔 수 없는 선택이기도 했다. 혹시나 모를 때를 대비하여 1종 보통면허에 도전했는데, 첫 번째 출발 지점에서부터 시동이 꺼지고 등에서 식은땀이 흘렀다. 몇 번을 반복해도 그 고비를 넘길 수 없었는데, 옆에서 도움을 주시던 기사님이 정중히 물었다. 꼭 1종 보통면허를 따야만 하느냐고…. 꼭 그런 건 아니라고 얘기했더니 그럼 편하게 2종 자동으로 하는 게 좋겠다는 것이다. 그래서 고민도 없이 그 자리에서 2종으로 변경해서 주행 연습에 돌입했다. 덕분에 한 번에 떡하니 운전면허증을 취득할 수 있었고, 면허를 따자마자 주행 연습을 거쳐 오너드라이버가 된 것이다.

초보 시절을 생각하면 참 겁도 없었지 싶다. 일 년에 한두 번은 꼭 접촉 사고를 냈고, 3년이 지난 어느 날에는 뒤에서 받히고 잠깐 기절해서 일어나 나갔봤더니 사고 낸 차량이 온데간데없이 사라져 버린 것이었다. 큰 사거리에 그렇게 차가 많았는데도 뺑소니 사고를 당한 것이다. 때마침 블랙박스도 고장이 나 있었고, 그 큰 사거리에 CCTV도 없었고, 완전한 뺑소니 사고였다. 나를 치고 도망간 그 운전자 다리는 뻗고 자고 있을까?

이런 우여곡절을 겪었어도 운전은 필자에게 날개를 달아준 것과 같은 어찌 보면 인생의 큰 전환점을 함께한 사건이었다. 출퇴근길이 멀어서 새벽에 출근하고 저녁 늦게 퇴근하는 것이 시간을 절약하는 길이었는데, 왕복 두 시간을 오고 가며 차 안에서도 시간을 알차게 쓰느라 강의를 들으며 오고 갔었다. 운전을 하지 않았다면 시간 관리에 많은 애로사항이 있었을 테고, 목표한 학사일정을 제대로 따라갈 수 있었을지 장담할 수

가 없다. 봉인이 풀린 것처럼 모든 일들에 고민 없이 실행하고
추진력을 발휘할 수 있었던 것은 모두 운전 덕분이다.

운동 – 체력 관리

　건강한 신체는 건강한 정신의 기반이다. 운동은 단순히 신체를 단련하는 것을 넘어, 삶의 전반적인 질을 높이고, 새로운 도전과 변화를 두려워하지 않게 만드는 강력한 도구다.

**　"건강한 신체에 건강한 정신이 깃든다."**

　젊었을 때는 유치하다며 코웃음을 쳤었다. 건강이 점점 더 삶의 이슈로 다가오는 지금은 인생의 진리가 깃든 말이 아닐 수 없다. 직장을 다니면서 새벽에 출근을 할 수 밖에 없는 상황이었는데, 회사 주변의 헬스클럽에 등록을 해서 운동 후에 출근하는 루틴을 퇴사 전까지 유지했었다. 운동 하나 했을 뿐인데, 출근하는 길에 갖게 되는 자존감이란…. 그 누구도 내 출근길에 관심하나 주지 않았겠지만 혼자서 어깨에 뽕이 들어가고 세상에서 스스로가 제일 잘난 것 같은 착각을 갖게 만들었다. 활기차게 일상을 시작하는 것은 차치하고라도 운동 전도사

역할까지 자처하게 되었다.

운동은 정신 건강에 큰 영향을 미치는데, 규칙적인 운동이 업무의 집중력을 높이는 역할까지 한다. 오히려 운동으로 에너지를 얻어 업무 효율이 더 높아진다. 너무 활력이 넘치다 보니 몸 컨디션이 안 좋아서 엄살을 부리려고 해도 너무 건강해 보여 믿어주지 않는다는 부작용은 감내해야만 한다. 여자는 은근히 청순가련에 대한 로망이 있는데, 청순가련도 버려야만 할지도 모른다. 필자는 이번 생에 청순가련 말고 건강한 헬스걸로 남기로 했다.

운동이 가져다준 변화는 생각보다 컸다. 체력이 좋아지니 자연스럽게 업무에서의 집중력도 높아졌고, 긴 시간을 앉아 공부하는 것에도 지치지 않게 되었다. 특히, 체력의 향상은 단순히 신체적 건강뿐 아니라 스트레스 관리에도 큰 도움을 주었다. 운동 후 분비되는 엔돌핀은 우울감이나 불안을 감소시키는 데 효과적이었고, 이를 통해 더 긍정적이고 낙관적인 태도를 유지할 수 있었다. 또한, 운동을 통해 얻은 규칙적인 루틴은 자기관리 능력을 키우는 데도 기여했다. 무엇보다 체력적인 여유가 생기면서 일상에서 새로운 도전과 변화를 두려워하지 않게 되었다.

공부를 시작해서 마무리해 가는 지금까지 단 한 번도 체력적인 한계에 부딪히지 않았던 것은 운동을 꾸준히 해왔기 때문이다. 따라서 "건강한 신체에 건강한 정신이 깃든다"는 말은 절대 명언이다! 운동은 단순히 몸을 단련하는 것을 넘어 삶의 모든 영역에 긍정적인 영향을 준다. 체력을 기르는 일은 정신적인 힘을 키우는 시작이며, 매일의 활력을 더하고, 새로운 도전을 두려워하지 않게 만든다. 규칙적인 운동은 스트레스를 완화하고, 삶의 어려움을 헤쳐나갈 힘과 자신감을 제공한다. 그러니 오늘부터라도 작은 걸음부터 시작해 보라. 가벼운 스트레칭이든, 짧은 산책이든, 규칙적으로 몸을 움직이기 시작하면, 그 변화는 곧 당신의 삶 전반으로 확산될 것이다. 운동은 당신을 더 강하게, 더 긍정적으로, 그리고 더 행복하게 만들어 줄 가장 확실한 투자다. 건강한 몸과 마음을 위해 오늘 바로 운동을 시작해 보자.

사람 – 정서적 지지

성공은 혼자만의 힘으로 이루어지지 않는다. 누구와 함께

하고, 어떤 지지를 받는가에 따라 삶의 방향과 성공이 결정지어진다. 주변의 정서적 지지는 어려운 길을 헤쳐나갈 수 있는 힘을 제공하고, 삶의 의미를 더해준다.

살아가면서 주변에 어떤 사람을 두고 있느냐가 그 사람의 성공을 증명하는 것이라고 생각한다. 직장생활을 하면서 공부했기 때문에 필자는 처음부터 탄력적 근무 제도를 적용한 샘이었다. 서로의 이득이 맞아서 관계를 유지해 왔다고 할 수도 있겠지만 그러한 노력은 굳이 말하지 않아도 해야만 하는 일이 아닌가? 배려해 주는 아량, 그 아량에 대한 고마움을 잊지 않는 마음이 좋은 관계를 유지하는 지름길이다. 프리랜서로 독립한 이후에도 업체를 확보하는 데 도움을 받고 있고, 꾸준하게 거래를 유지하면서 관계가 계속되고 있다. 일례로 많은 양의 프린트물이 필요할 때면 이전 회사를 방문하여 출력을 하고 겸사겸사 식사를 같이하고 오기도 한다. 대표님뿐만 아니라 설계실에 같이 근무했던 직원들과의 관계도 꽤 끈끈한 편이다. 설계 직원 중에 설계 프로그램의 유틸리티를 개발하여 부업으로 판매도 하는데, 12년을 같이 근무했다는 정으로 무료로 사용을 하고 있는 중이다. 고민도 안 하고 공짜로 제공하겠다는 얘기를 들었을 때는 살짝 코끝이 시큰해지기도 했다. 필자가 지금까지 무사히 박사논문을 쓰고 있는 이유에는 이들의 도움이 절반 이상을 차지한다. 언젠가 존경하는 사람을 손꼽아 보라는 제안을 받은 적이 있었는데, 그중에 한 분이 바로 이전 회사 대표님이다.

다음으로 함께 공부하면서 만나게 된 인연들인데, 게을러지고 나태해지려는 욕구를 감히 내비칠 수 없게 만드는 그들의 열심에 또 한 번 각오를 다지고 앞으로 나아갈 수 있는 실행력을 얻게 된다. 솔직히 주변 지인들은 필자를 공부를 못해서 미친 여자쯤으로 취급하는데, 그럴 때면 이런 답변으로 방어를 하곤 한다. "거기에는 나보다 더 미친 여자들이 수두룩하거든~" 사람은 살아가면서 주변 사람들과의 영향을 받기 마련인데, 주변이 온통 공부하고 노력하는 사람들로 가득한데 어찌 나아가지 않고 주저할 수 있겠는가?

혼자서 경주마처럼 앞만 보고 달리다 보니 실행력은 떨어지지 않을 수 있지만, 그 과정에서 놓치는 것들이 어머무시하다는 단점이 있다. 이런 필자의 단점을 완벽하게 보완해 주는 사람들이 바로 가족이다. 둘째 여동생은 김치나 밑반찬을 하더라도 꼭 언니 몫까지 챙기고, 크고 작은 가족 행사에서 소홀하기 쉬운 큰 언니의 역할을 보조해 주는 역할을 하고 있다. 혹여 바쁘다고 식사를 못 챙길까, 건강을 못 챙길까 동생들이 잔소리를 계속해 주기 때문에 억지로라도 건강을 챙길 수 있게 되는 것 같기도 하다. 필자를 너무 괴롭히는 거 아니냐고 투덜투덜했더니, 언니는 엄마 대신이니까 자기들이 챙겨야 된다는 말에 또 코끝이 시큰해졌다. 같은 주거지로 엮인 가족들은 세상에서 엄마가 제일 멋지고 자랑스럽다고 엄마의 기를 살려주고 있다. 나를 지지해 주고 응원해 주는 사람이 없다면 무엇이 신나서 계속해서 앞으로 나아가고 싶겠는가?

실행력을 높이기 위한 3가지 핵심 요소

1. 시간과 에너지 관리 : 시간을 최대한 효율적으로 사용하라.
2. 체력과 정신의 준비 : 꾸준한 운동으로 신체와 정신을 강화하라.
3. 관계과 지원의 활용 : 주변의 지지와 격려를 받아들이고 활용하라.

길한샘

- 한화비전 인사기획팀 과장
- 숙명여자대학교 인적자원개발대학원 리더십교육전공 교육학 석사
- 한국생산성본부 리더십, 코칭, 성과관리 등 강의

김선미

- 고양시 공무원
- 숙명여자대학교 대학원 인력개발정책학 박사과정 중
- 숙명여자대학교 인적자원개발대학원 리더십교육전공 교육학 석사
- 경기도 일자리사업 운영 최우수상, 논문우수상
- MBTI 강사, 프레디저 강사, NLP교육강사, 인코칭 코칭포유플러스 수료
- 전) 한국통신(현 KT) 근무

김용이

- 행정안전부 서기관
- 숙명여자대학교 대학원 인력개발정책학 박사과정 수료
- 숙명여자대학교 인적자원개발대학원 리더십교육전공 교육학 석사
- 공무원 중앙제안 3회 수상(대통령근정포장, 국무총리표창)
- MBTI 강사, 마인드프로세싱 강사
- 직장내괴롭힘예방교육 강사, 인코칭 코칭포유플러스 수료
- 유튜브 또래카페 크리에이터

남계윤

- 아이들의 성장에 함께하는 동네학원 원장
- 숙명여자대학교 인적자원개발대학원 리더십교육전공 교육학 석사
- U&I 진로상담, 학습상담전문가
- TMD 교육그룹자기주도학습 교육전문가
- 초중고등학교 자기주도학습 강사
- 전) 공부습관 트레이닝센터 "주.인.공" 센터장

박혜성

- 정성에듀테크 대표 / 인하공업전문대학교 겸임교수 / 시흥신문사 칼럼리스트
- 숙명여자대학교 대학원 인력개발정책학 박사과정 수료
- 상인조직화 및 골목형 상점가 등록지원 용역(서대문구, 중랑구)
- 상인조직화 및 골목형 상점가 컨설팅(강서구, 양천구)
- 한국폴리텍대학교 외래교수 / 경기과학기술대학교 겸임교수
- 숙명여자대학교 인적자원개발대학원 리더십교육전공 교육학 석사

변지민

- 미술, 공예, 심리, 문화예술 강의 및 기획
- 공주대학교 일반대학원 유아교육전공 수료
- 숙명여자대학교 일반대학원 목칠공예전공 미술학 석사
- 한국미술심리치료협회 청주 변지민미술심리연구소
- 청주지방법원 면접교섭센터 느티나무 면접교섭위원
- 전) 개인전 및 단체전 다수
- 저소득가정 문화예술지원사업, 다음세대를 위한 록사업, 마을공동체 활성화 지원사업 활동
- 청주시장 〈더좋은 청주 행복한 시민〉 공로 표창

신상숙

- (주)창조플랜 상무
- 숙명여자대학교 대학원 인력개발정책학 박사과정 수료
- 숙명여자대학교 인적자원개발대학원 리더십교육전공 교육학 석사
- 괴롭힘 없는 직장만들기 첫걸음 특별과정 수료(한국노동사회연구소 부설 직장괴롭힘조사센터)
- 프레디저전문가(뇌과학과 언어구조. 융복합-진로설계, 경력진단, 경력결정 과정)
- 인코칭코칭포유플러스 수료 / 청소년상담사 3급 / 청소년지도사 2급 / 미술심리상담사 1급
- 전) (주)스포츠투데이 경영지원실 국장
- 전) 넥스트미디어홀딩스(주) 상무

유미선

- MEYOU컴퍼니 대표
- 숙명여자대학교 인적자원개발대학원 리더십교육전공 교육학 석사
- 한국코치협회인증 KAC 코치
- IT&Basic 업무성향진단 전문 컨설턴트
- 포커스아레테 전문퍼실리테이터
- (주)나우러닝 수석교수
- 그릿마인드랩 파트너 강사
- 전) Oakwood Premier Coex Center F&B Headwaitress

유아미

- 숭의여자대학교 스마트사무행정과 조교수
- 숭실대학교 교육학 박사
- 건국대학교 휴먼이미지학 박사
- 창업진흥원 시민혁신위원회 평가 위원
- 조달청, 정보통신진흥원 평가 위원
- 전)유안타증권 Retail전략팀
- 전)동양투자신탁운용 대표이사 비서

이수정

- 넥스트플랜 대표
- 숙명여자대학교 인적자원개발대학원 리더십교육전공 교육학 석사과정 중
- 랄프로렌 외 다수 기업 강연 및 교육
- 중앙대, 인천대 외 다수 대학교 취업 교과목 강의 및 컨설팅
- NCS 및 인적성 모의고사 문제 출제
- 《나는 그릿하기로 했다》, 《나만 알고 싶은 AI 활용 교과서》 공저자

이슬안

- 리더십교육 전문가
- 숙명여자대학교 인적자원개발대학원 리더십교육전공 교육학 석사
- 플로리다 주립대학교 Hospitality Management Internship 수료
- 한국코치협회인증 KAC코치
- 매일경제 우버人사이트 리더십·서비스 전문 칼럼니스트
- 2018 한국 신지식인 브랜드 대상 수상 (강사부문) / 한국투데이 명강사 선정

이정윤

- 기업 CS교육 전문강사
- 숙명여자대학교 인적자원개발대학원 리더십교육전공 교육학 석사과정 중
- 현) 바른기업교육협회 교육팀
- 현) 바른기업교육협회 CS강사
- 전) 주식회사코리아세이프 대표이사

이지혜

- 교육업 종사자
- 평생교육사, 사회복지사, 보육교사, 청소년지도사 외 자격증 다수 취득 후 경력 단절 극복
- 육군 수송 여군 52기 소위 임관 후 대위 전역 / 육군 군수 계약직 군무원 계약 만료
- KBS 스포츠국 스포츠9 스포츠 뉴스 제작 보조
- KBS 보도국 뉴스광장 뉴스 제작 보조

최슬기

- 서울시 교육청 등록 대안교육기관 교사
- KBS 미디어 교육미디어부 국책사업 수행
- YBM 리더십아카데미 프로그램 개발 담당
  - 국가 인증 프로그램 '주.인.공' 교재
  - 한국과학영재학교 맞춤형 플래너 기획·제작 및 시간관리 교육 콘텐츠
- 성신여자대학교 평생교육원 비전형성 프로그램 강의
- 천일중학교 외 다수 학교 및 기관에서 자기주도학습·진로·리더십 강의

최인선

- 라온코칭 대표
- 숙명여자대학교 인적자원개발대학원 리더십교육전공 교육학 석사
- 인천시교육청 커리어코치
- 한국고용노동교육원 전문강사
- 한국도박 문제예방치유원 도박문제 예방강사
- 보건복지부 주관 인구와미래정책연구원 강사경진대회 우수상 수상 (2016)
- 전) 한국건설품질진흥원 교육팀장
- 〈내 꿈을 찾는 시간〉 진로 활동 책자 및 한국고용정보원 진로 동영상 활용 매뉴얼 집필

홍선영

- 위주교육컨설팅 대표
- 안산대 스피치커뮤니케이션 겸임교수
- (사)한국강사협회 상임이사
- 유튜브 홍선영TV 크리에이터
- 브런치 작가
- 휴넷리더십 저니 필진 기자
- 사례뉴스 필진 기자
- 네이버 카페 운영자 : 위주교육컨설팅(회원수: 13,000명)
- 저서)《클로버 : 인생의 행운을 만드는 마법의 노하우》미다스북스

밸런스 리더십

초판 인쇄 2025년 3월 10일
초판 발행 2025년 3월 14일

지은이 홍선영 외 15인
발행인 조현수
펴낸곳 도서출판 더로드
기획 조영재
마케팅 최문섭
편집 문영윤

주소 경기도 파주시 광인사길 68, 201-4호(문발동)
전화 031-942-5366
팩스 031-942-5368
이메일 provence70@naver.com
등록번호 제2015-000135호
등록 2015년 6월 18일

정가 19,000원
ISBN 979-11-6338-479-3 (13190)